Gerlinde Blahak

45 Vertretungsstunden Kunst

für die Klassen 5–10

Cornelsen

Autorin
Gerlinde Blahak studierte Englisch, Geschichte und Kunsterziehung für das Lehramt an Realschulen an den Universitäten in München und Regensburg und war viele Jahre vollberuflich an einer Realschule sowie Fachakademie für Sozialpädagogik tätig. Sie war dort außerdem Fachvorsitzende für Geschichte sowie Verbindungslehrerin. Jetzt arbeitet sie als freie Autorin im kunstpädagogischen Bereich.

Projektleitung: Dorothee Weylandt, Berlin
Redaktion: Anja Sieber, Hamburg
Illustrationen: Gerlinde Blahak, Kirchroth
Umschlaggestaltung: Julia Walch, Bad Soden
Layout/technische Umsetzung: fotosatz griesheim GmbH

www.cornelsen.de

1. Auflage 2017

Druck: AZ Druck und Datentechnik GmbH, Kempten

ISBN 978-3-589-15210-0

PEFC
PEFC/04-31-2260

PEFC zertifiziert
Dieses Produkt stammt aus nachhaltig bewirtschafteten Wäldern und kontrollierten Quellen.

www.pefc.de

Inhalt

Klasse 9 / 10

Hinweis: Sie können die Materialseiten auf dem Kopierer auf 141 % vergrößern, um eine DIN-A4-Seite zu erhalten.

Vorwort

Vertretungsstunden kommen oft überraschend, so dass nicht viel Zeit für Vorbereitung und detaillierte Überlegungen bleibt.

Dieses Buch nimmt Ihnen solche Probleme weitgehend ab, indem es durch ein breites Angebot für alle Klassenstufen die Entscheidung leicht macht:

- Lösungsvorschläge sowie genaue Angaben zu Material und Jahrgangsstufe informieren Sie auf einen „ersten" Blick darüber, ob die jeweilige Aufgabe zum Einsatz kommen könnte.
- Der Zeitaufwand für die Durchführung erstreckt sich über 1–2 Doppelstunden, was es den Schülern auch ermöglicht, ein Projekt wirklich zu Ende zu führen.
- Das erforderliche Material, z. B. Filzstifte, Zeichenpapier, Scheren, Klebestifte, ist im Allgemeinen im Klassenraum oder in den Schultaschen der Schüler vorhanden oder lässt sich kurzfristig und kostengünstig besorgen. Dabei wurde vor allem Wert darauf gelegt, wenig Geschätztes wie Altpapier, Papierreste usw. mit einzubeziehen.
- Alle Aufgaben entsprechen den Vorgaben des Lehrplans: Über die verschiedenen Kompetenzbereiche sowie Lernziele, Leitideen, Jahrgangsstufen und Sozialformen kann sich der Lehrer schnell in einem „Vorspann" vor jedem Angebot einen Überblick verschaffen.
- Viele Angebote beziehen das Wiederaufgreifen von Lerninhalten mit ein und setzen wiederholend kreative Schwerpunkte, für die oft im regulären Unterricht wenig Platz ist.
- Um die Motivation und Neugier der Schüler aufrecht zu erhalten, wird häufig mit Mischtechniken gearbeitet, bei denen Gestaltungstechniken aus den Bereichen Zeichnung, Malerei oder Grafik originell kombiniert werden.
- Das Kapitel „Hinführung" bietet abwechslungsreiche Ideen, den Unterricht kurz und motivierend einzuleiten. Dabei können Sie sich des Öfteren auf Kopiervorlagen für Folien, Anregungen für Anschauungsobjekte sowie Impulse zum Unterrichtsgespräch stützen.
- In der Hauptphase werden alle für die Durchführung wichtigen Schritte detailliert beschrieben. Alternativen und weiterführende Tipps finden sich in gesonderten Abschnitten.
- Ein Schwerpunkt, der den Einsatz im Unterricht wesentlich erleichtert, wurde auf ein umfassendes Angebot von Kopiervorlagen mit Schritt-für-Schritt-Anleitungen gelegt, die die Schüler in die Lage versetzen, auch selbstständig zu arbeiten.
- Am Ende jeder Aufgabe finden Sie Tipps für eine attraktive Präsentation der Ergebnisse, die Ihre Unterrichtsstunden harmonisch abrunden.

Ich wünsche allen Kolleginnen und Kollegen, die mit diesem Buch arbeiten, dass Ihre Vertretungsstunden den Schülern als eine „runde Sache" in positiver Erinnerung bleiben.

Gerlinde Blahak

Notiz Aus Gründen der besseren Lesbarkeit wird in diesem Buch durchgehend die männliche grammatische Form verwendet. Selbstverständlich sind damit immer auch Frauen und Mädchen gemeint, also Lehrerinnen und Schülerinnen etc.

1 Briefumschläge: Papier gestalten und falten

Ziel / Leitidee	Papierbatik, Musterdesign, kreative Alltagsprodukte durch Falten
Klassenstufe	5 / 6
Vorbereitung / Material	weißes Zeichenpapier (DIN A3), Wachsmalstifte, breiter Pinsel (z. B. Nr. 12), Wassergefäß, Malkasten, Zeitungen (zum Abdecken), Bleistift, Schere, Lineal, Klebestift, Kopiervorlage (Faltanleitung) in Klassenstärke, Lösungsbeispiel als Folie, Briefumschläge in verschiedenen Formaten
Sozialform	gesamte Klasse, Einzelarbeit
Kompetenzbereich	Entwerfen, Übermalen, Falten

Hinführung

- Der Lehrer zeigt Briefumschläge in verschiedenen Formaten und erläutert, dass in der folgenden Unterrichtseinheit individuelle Umschläge aus selbst gestaltetem Papier hergestellt werden sollen, die dann besonders für Geschenkkarten aller Art verwendet werden können.
- Wenn möglich, zeigt der Lehrer einige Prototypen oder das Lösungsbeispiel als Folie.

Hauptphase

- 1. Gestaltung der Papierbögen:
  - Die Schüler decken ihren Arbeitsplatz mit Zeitungspapier ab und stellen Wassergefäß, Malkasten, einen breiten Pinsel sowie Wachsmalstifte bereit.
  - Sie legen ein Blatt Zeichenpapier (DIN A3) zurecht und gestalten die gesamte Fläche mit Wachsmalstiften in beliebigen Mustern: Schleifen, Tropfen, Spiralen, Rastergitter, Kreise, …
  - Anschließend übermalen sie die gesamte Blattfläche mit breiten Pinselstrichen in einer Farbe ihrer Wahl, die mit viel Wasser verdünnt wird. An den mit Wachsmalstiften bearbeiteten Stellen perlt die Farbe ab und hinterlässt interessant Strukturen.
  - Das Blatt muss gut durchtrocknen.
- 2. Falten der Briefumschläge:
  - Die Schüler erhalten die Kopiervorlage mit der Arbeitsanleitung A.
  - Als Erstes teilen sie die bemalte Fläche für die Herstellung von zwei Umschlägen in zwei Hälften (je DIN A4).
  - Um einen Briefumschlag zu falten, benötigt man ein Quadrat mit der Seitenlänge 21 cm. Dazu knicken die Schüler ein DIN-A4-Blatt einmal über Eck zusammen, so dass ein Dreieck entsteht. Seitlich bleibt ein Streifen übrig, der abgeschnitten wird.

- Nach dem Aufklappen faltet man das Quadrat nochmals so, dass ein zweiter diagonaler Knick entsteht. Beide Diagonalen kreuzen sich in der Mitte der Fläche (1).
- Die Schüler legen das Quadrat mit der farbigen Seite nach oben vor sich hin und messen von zwei gegenüber liegenden Ecken auf der Falzkante jeweils 9 cm, von den anderen Ecken her 6,5 cm ab. Die Punkte werden mit Bleistift markiert (2).
- Das Papier wird umgedreht und zunächst an den Ecken mit der 6,5-cm-Markierung zu Dreiecken umgeklappt, deren Spitze genau auf der Diagonale liegt (3).

- Der Vorgang wird für die größeren Dreiecke wiederholt. Zu beachten ist, dass die Spitzen der Dreiecke nicht aneinander stoßen, sondern dass die größeren Flächen die kleineren etwas überlappen (4).
- Die übereinander liegenden Kanten mit Ausnahme der Einschuböffnung für die jeweilige Karte werden leicht mit Klebestift bestrichen und festgedrückt.

Ergebnissicherung

- Die Umschläge können zusammen mit selbst gestalteten Karten (z. B. Aufgabe „Gutschein“) präsentiert werden.
- In verschiedenen Größen sind sie eine originelle Geschenkidee.

Alternativen

- Aus dem Bereich Malen können Experimente mit dem Pinsel (Stupfen, Zeichnen, Tröpfeln etc.) als Ausgangspapier verwendet werden werden.
- Die abgeschnittenen Papierstreifen werden zum Verzieren von Lesenzeichen o. Ä. aufbewahrt.

Tipp Wenn ungewöhnliche, „maßgeschneiderte“ Formate für Karten benötigt werden, erstellt man das jeweilige Papierquadrat, indem man die Karte über Ecke so auf das Papier legt, so dass eine Längskante mit den Papierkanten ein gleichschenkliges Dreieck bildet. Die Ecken der Karte sind noch einige Millimeter vom Außenrand entfernt um Spielraum zu gewähren (siehe Anleitung B Kopiervorlage).

Lösung

Name: Klasse: Datum:

Briefumschläge – Arbeitsanleitung

Anleitung A

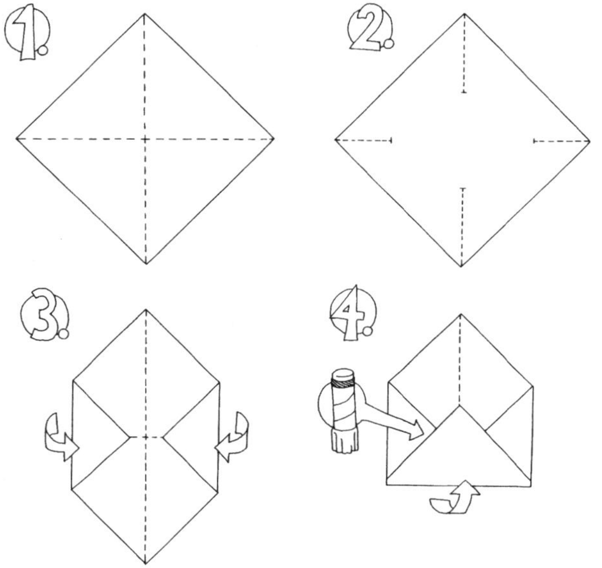

Anleitung B

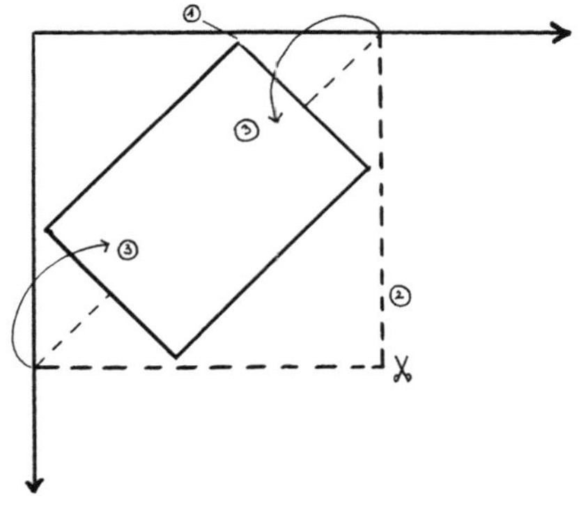

Designer-Rucksack: Fantasievoll bekleben

2

Ziel / Leitidee	eine Fläche mit Bildteilen füllen, Anordnung nach dem Zufallsprinzip als Gestaltungsidee
Klassenstufe	5 / 6
Vorbereitung / Material	weißes Zeichenpapier (DIN A4), Bleistift, Radiergummi, schwarzer Filzstift, Bildvorlagen zum Zerschneiden (z. B. Kalender, Flyer einer Kunstausstellung, Gartenkataloge), Schere, Klebestift, Tonpapierrest (ca. 13 cm x 13 cm), evtl. Lösung als Folie
Sozialform	gesamte Klasse, Einzelarbeit
Kompetenzbereich	Zerschneiden, Neuanordnen

Hinführung

- Die Schüler stellen verschiedene (Schul-)Rucksäcke als Anschauungsmaterial zur Verfügung. Gegebenenfalls sollte der Lehrer auch etwas ausgefallene Modelle mitbringen.
- Der Lehrer erklärt, dass jeder Schüler bei den Rucksäcken, die entworfen werden sollen, als sein einer Designer agieren wird. Es werden lauter Unikate entstehen.
- Eventuell kann zur Ideenfindung der Lösungsvorschlag (Folie) gezeigt werden.

Hauptphase

- Die Schüler entwerfen mit Bleistift auf weißem Zeichenpapier die Umrisse eines Rucksacks. An den Seiten sollten noch die Träger zu sehen sein.
- Alle Konturen werden mit dickem, schwarzem Filzstift nachgezogen.
- Die Lehrkraft teilt Bildmaterial aus bzw. sichtet das von den Schülern mitgebrachte Material (Flyer, Kataloge, Kalender, Zeitungen, …).
- Jeder Schüler entscheidet sich für ein Thema: Sommer, Blumen, Wolken, Schuhe, Kunstwerke, Vögel, …
- Die Abbildungen werden in beliebige, runde oder spitze Formen zerschnitten und experimentierend auf der Fläche des Rucksacks angeordnet, bevor man sie aufklebt.

> **Wichtig** Die Teile dürfen sich nicht überschneiden oder über den vorgezeichneten Rand hinausragen.

- Aus farbig kontrastierendem Tonpapier wird ein Deckel für den Rucksack zugeschnitten und auf die passende Stelle geklebt.
- Zum Schluss verziert man die Träger mit Mustern (schwarzer Filzstift).

Ergebnissicherung / Präsentation

- Die Schüler hängen ihre „Design-Produkte“ in bunter Reihenfolge auf. Sie werden fotografiert und auf der Homepage der Schule veröffentlicht.

Alternativen

- Die Schüler entwerfen ein „Label“ für ihren Rucksack. Dazu schreiben sie ihren Namen auf einen schmalen Streifen weißen Zeichenpapiers oder verstecken ihn in einem originellen Logo.
- Sie präsentieren dieses Detail auf der Tonpapierfläche des Deckels

Tipp Kunstausstellungen bieten oft kostenloses Informationsmaterial oder Flyer in Klassenstärke an. Das Projekt eignet sich somit besonders zur Vor- oder Nachbereitung eines Ausstellungsbesuchs.

Lösung

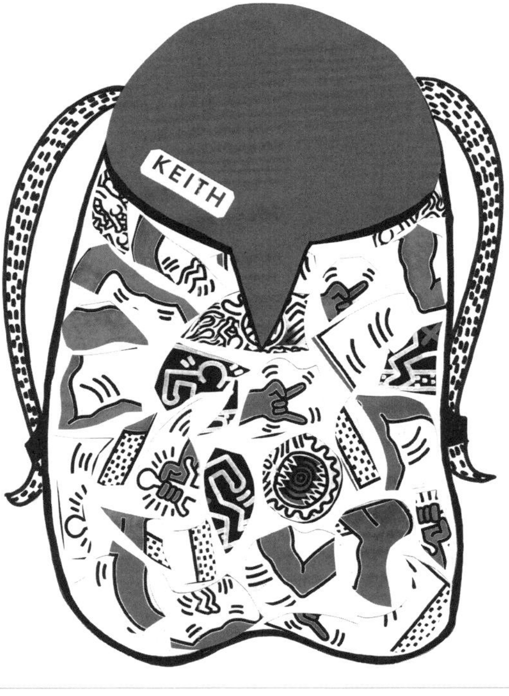

Distel: Collage aus schwarzem Papier

Ziel / Leitidee	Figur-Grund-Bezug, Dreieck als Collageprinzip
Klassenstufe	5 / 6
Vorbereitung / Material	weißes Zeichenpapier (DIN A4), schwarzes und graues Tonpapier (Reste, ca. DIN A5), Bleistift, Radiergummi, Schere, Klebestift, Kopiervorlage (Arbeitsanleitung)
Sozialform	gesamte Klasse, Einzelarbeit
Kompetenzbereich	Schneiden, Kleben, Feinmotorik und Wahrnehmung

Hinführung

- Der Lehrer zeigt die Abbildung einer Distel oder bringt ein Exemplar mit.
- Er fordert die Schüler auf, Begriffe und Eigenschaften aufzuzählen, die sie mit dieser Pflanze verbinden (z. B. spitz, stachelig, grau, silbrig, trocken, …).
- Überleitung:

> *Ihr gestaltet nun eine „stachelige" Distel aus schwarzem und grauen Tonpapier.*

Hauptphase

- Der Lehrer verteilt die Kopiervorlagen mit den Arbeitshilfen an die Schüler.
- Die Schüler legen weißes Zeichenpapier (DIN A4) für den Hintergrund sowie schwarzes und graues Tonpapier bereit.
- Sie beginnen mit der Anfertigung des Blütenbodens, indem sie die auf der Kopiervorlage vorgeschlagenen Formen auf schwarzem/grauem Tonpapier durch festen Druck mit Bleistift durchpausen oder sie ausschneiden und ihre Umrisse nachfahren. Es werden zwei Motive benötigt.
- Dann schneiden sie aus grauem/schwarzem Tonpapier viele sehr lange, schmale, spitzwinklige Dreiecke aus und kleben sie neben- und übereinander auf den Blütenboden (siehe Anleitung). Sobald diese spitzen Formen am oberen Rand des Blütenbodens in genügender Dichte angeordnet sind, drehen die Schüler den Blütenstand um und kleben ihn im oberen bzw. seitlichen Teil des Hintergrundes auf. Dabei wird nur der Blütenboden mit Klebestift eingestrichen, die Blütenspitzen stehen lose ab (3D-Effekt!).
- Aus weiteren unregelmäßigen, langgezogenen Dreieckformen konstruieren die Schüler dann Stängel und Blätter (siehe Anleitung) und kleben sie an passenden Stellen auf.

Ergebnissicherung / Präsentation

- Die Ergebnisse eignen sich gut als Motive für Glückwunschkarten.

Name: Klasse: Datum:

Distel – Arbeitsanleitung

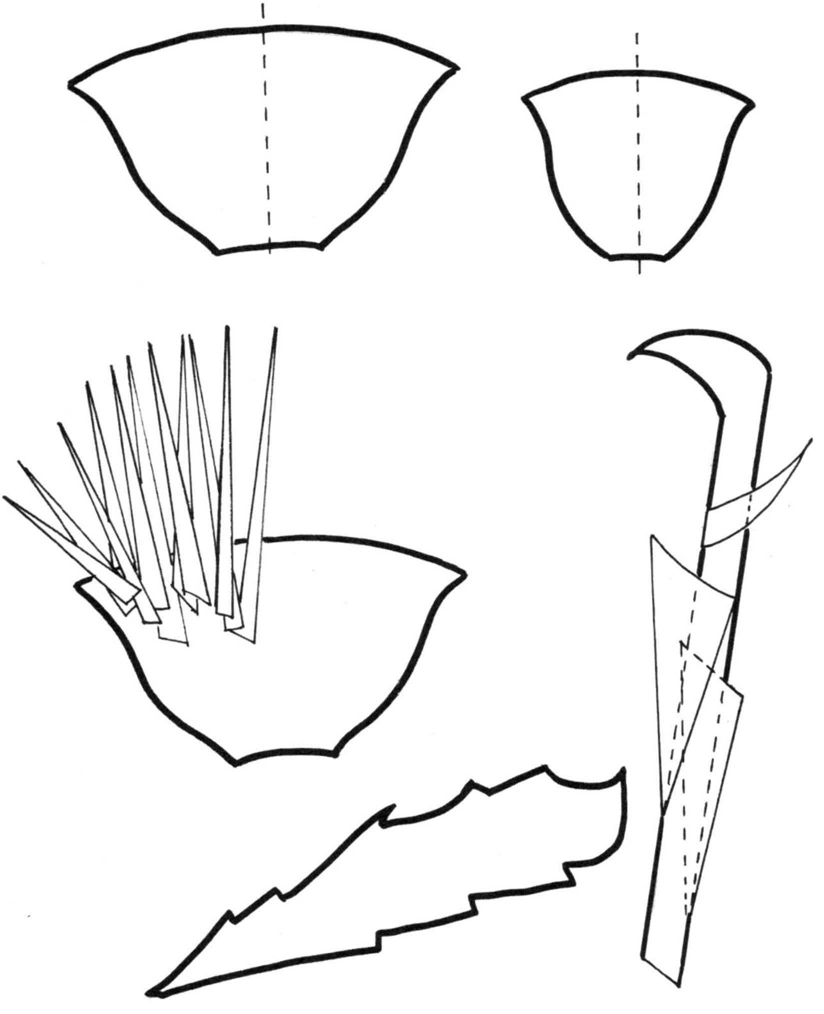

Durch die Lupe: Klein und Groß

4

Ziel / Leitidee	Größenverhältnisse, Übertreibung als Stilmittel, Mischtechnik (Farbe und Grafik)
Klassenstufe	5 / 6
Vorbereitung / Material	weißes Zeichenpapier (DIN A4), Lineal, weicher Bleistift (2B), Radiergummi, Joghurtbecher (als Kreisschablone), schwarzer Filzstift, Kopiervorlage (Zeichenanleitung) als Folie oder in Klassenstärke
Sozialform	gesamte Klasse, Einzelarbeit
Kompetenzbereich	Zeichnen mit Schablonen (Rechteck, Kreis), Verfremden

Hinführung / Erwärmung

- Der Lehrer bringt als Anschauungsmaterial eine Lupe mit, die unter den Schülern herumgereicht wird.
- Der Lehrer stellt folgende Fragen:

> - *Was geschieht, wenn man durch eine Lupe blickt?*
> - *Wozu werden Lupen verwendet?*
> - *Welche Berufsgruppen brauchen Lupen?*
>
> (Schülerantworten: Vergrößerung – für genaues Sehen, Untersuchen von Details, anstelle einer Brille – Uhrmacher, Detektiv, Archäologe, …)

- Überleitung:

> *Ihr stellt zeichnerisch dar, wie ein Auge vergrößert unter der Lupe aussieht.*

Hauptphase

- Die Schüler entwerfen mit Bleistift und Lineal auf weißem Papier (DIN A4, Querformat) ein Gesicht:
  - › Sie ziehen an den beiden Schmalseiten des Blattes im Abstand von 8 cm zwei Hilfslinien (1).
  - › Das in der Mitte entstandene Viereck wird genau in der Mitte durch eine weitere Hilfslinie geteilt (2) und erhält abgerundete Ecken (3).
  - › An den Seiten werden Ohren (5) und am unteren Rand ein Kinn (4) hinzugefügt.
  - › Anschließend zeichnen die Schüler ein Auge (6) sowie Nase (7) und Mund (8) ein.
- Anstelle des zweiten Auges wird eine Lupe konstruiert: Der obere Rand eines Joghurtbechers dient als Kreisschablone und wird mit Bleistift nachgefahren. Der

Becher wird umgedreht und mittig aufgesetzt. Diese Kreislinie bildet die innere Begrenzung der Lupenfläche (9). Mit dem Lineal wird ein Griff ergänzt (10).

- In diese Fläche hinein entwerfen die Schüler ein Riesenauge, das die ganze innere Fläche ausfüllt.
- Zum Schluss gestalten die Schüler dieses Auge mit Buntstiften, die restliche Gesichtsfläche mit (wenigen) grafischen Einzelheiten (Punkte, Linien) aus. Griff und Rahmen der Lupe werden mit Filzstift verziert und mit Bleistift abgetönt.

Ergebnissicherung / Präsentation

- Die Schüler hängen ihre Ergebnisse zusammen mit Wörtern auf, die sich auf das Thema beziehen (GROSS, KLEIN, GENAU, NAH). Sie schreiben die Begriffe mit Filzstift in Großbuchstaben auf ein DIN A4-Blatt und „vergrößern" einen der Buchstaben zeichnerisch mit der Lupe.

Alternativen

- Durch „Schummern" mit einem weichen Bleistift können um das Auge und an den Rändern des Gesichts Schattenzonen erzeugt werden.

Tipp Das Thema lässt sich beliebig für die verschiedensten Hinweisschilder abwandeln, auf die in origineller Weise die Aufmerksamkeit gelenkt werden soll (z. B. Mensa, Eingang, Lesenacht, …).

Lösung

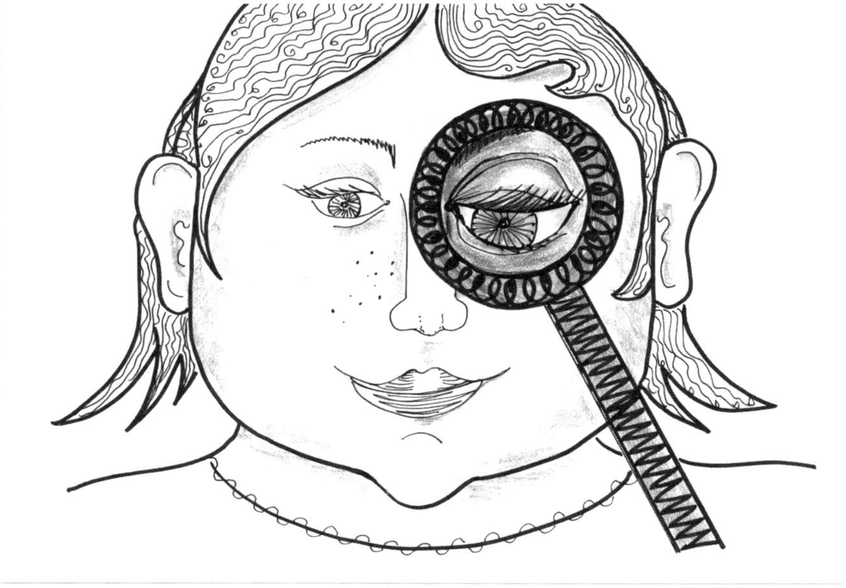

Name: Klasse: Datum:

Durch die Lupe – Zeichenanleitung

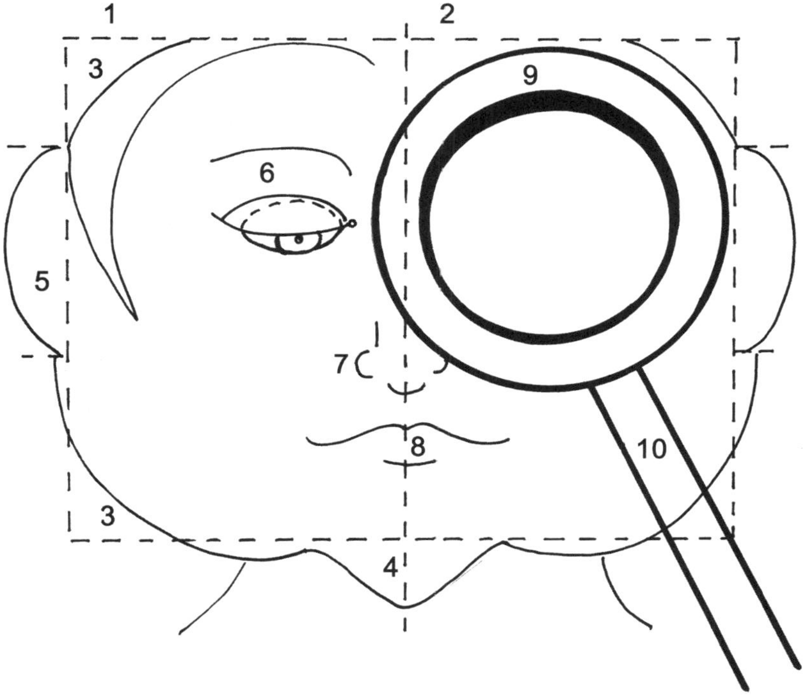

Gerlinde Blahak: 45 Vertretungsstunden Kunst. Illustrationen: Gerlinde Blahak

5 Flugente: Filzstiftmosaik

Ziel / Leitidee	Punkte und Striche als grafische Elemente zur Ausgestaltung von Flächen
Klassenstufe	5 / 6
Vorbereitung / Material	Abbildung eines Mosaikbildes (Folie), Kopiervorlage (Flugente) in Klassenstärke, Filzstifte in verschiedenen Farben und Stärken, Bleistift, Lineal
Sozialform	gesamte Klasse, Einzelarbeit
Kompetenzbereich	Ornamentieren mit Filzstiften, Gestaltung von Binnenflächen innerhalb einer Vorlage

Hinführung

- Der Lehrer zeigt ein Mosaikbild (z. B. Fische und Vögel aus der Basilika von Aquileia/Italien) und erläutert die Technik: Kleine, meist rechteckige Steinchen in verschiedenen Farbstellungen werden auf einer Vorlage so aneinandergereiht und verfugt, dass Farbflächen und Linien sich zu einem Bild zusammenfügen.
- Alle Schüler erhalten eine identische Vorlage (Flugente) und den Auftrag, mithilfe von Filzstiften die Flächen mosaikartig mit Punkten und Strichen zu füllen.

Hauptphase

- Die Schüler beginnen am besten an einer Außenkontur, auf die sie mit der Spitze eines Filzstifts kurze Strichen (ca. 2 mm) und Punkte setzen. Die Abstände sollen sehr klein gehalten werden (ca. 1 mm) und die farbigen Elemente möglichst die gleiche Länge aufweisen.
- Wenn man genau unter diese „Mosaiksteinchen" eine zweite parallel verlaufende Reihe legt, verstärkt sich der Eindruck eines in Mosaiktechnik gestalteten Bildes.
- Auf größeren Flächen werden Abstände und Richtung anschließend verändert. Es können auch Teile der Vorlage gänzlich unbearbeitet bleiben.
- Je nachdem welche Farbauswahl getroffen wird, entstehen Streifen, Zacken oder Wellenmuster.
- Zum Schluss wird der Hintergrund noch leicht durch Linien strukturiert: Die Schüler ziehen mit Bleistift und Lineal im Abstand von ca. 1 cm waagrechte Linien, die von den Rändern aus auf das Motiv zulaufen, jedoch beliebig 4–5 cm vor dessen Außenkonturen enden.

Ergebnissicherung / Präsentation

- Setzen Sie die Lösungen zur Dekoration des Klassenzimmers oder für das Cover einer Sammelmappe ein.

Alternativen

- Die Schüler können Filzstifte untereinander austauschen.
- Sie können vor Beginn der Ausarbeitung die Körperfläche der Ente mit Bleistift noch in weitere Teilflächen zerlegen.

Tipp Vereinbaren Sie mit dem Biologie-Lehrer ein fächerübergreifendes Projekt zum Thema „Vögel".

Lösung

Name: Klasse: Datum:

Flugente: Filzstiftmosaik

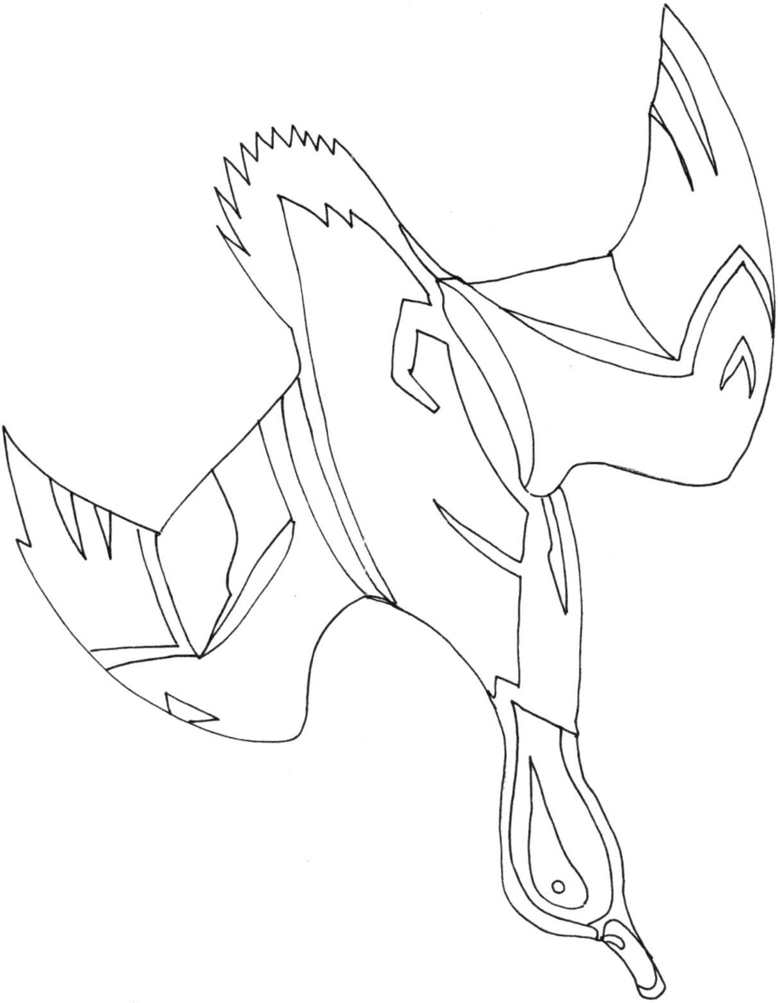

Gefährlicher Fisch: Papiercollage

Ziel / Leitidee	Flächengestaltung durch Collageteile
Klassenstufe	5 / 6
Vorbereitung / Material	2 Blatt Zeichenpapier (DIN A4), Reste von Tonpapier und Farbstudien, Bleistift, Klebestift, Schere, Kopiervorlage (Zeichenhilfe) in Klassenstärke oder als Folie
Sozialform	gesamte Klasse, Einzelarbeit
Kompetenzbereich	Kleben, Schneiden, Formen wahrnehmen

Hinführung

- Der Lehrer stellt im Unterrichtsgespräch folgende Fragen:
    - *Welche Arten von Raubfischen kennt ihr?*
    - *Wodurch unterscheiden sie sich von anderen Fischen?*
- Die Schüler erhalten den Auftrag, mit Bleistift auf einem weißen Zeichenblatt (DIN A4) die Umrisse eines gefährlichen Raubfischs zu entwerfen.
- Zur Orientierung teilt der Lehrer die Kopiervorlage aus oder zeigt sie als Folie auf dem Tageslichtprojektor.

Hauptphase

- Die Schüler bedienen sich aus einem Fundus von farbigen Papierresten und legen auch eigene Farbversuche etc. bereit.
- Sie kleben Collageteile in beliebiger Form und Farbe auf den Fischkörper und gehen dabei auch über die vorgezeichneten Linien hinaus. Farbflächen überschneiden sich, überdecken sich zum Teil, werden mit Kreisen und Streifen aufgelockert.
- Besondere Details, die die „Gefährlichkeit" des Fisches unterstreichen: Im Bereich des Mauls wird eine Öffnung mit spitzen, gefährlich wirkenden Zähnen gestaltet. Ein riesiges Auge entsteht aus immer größer werdenden kreisförmigen oder eckigen Flächen, die aufeinander geklebt werden.
- Zum Schluss zeichnen die Schüler nochmals mit Bleistift die Umrisse des Fisches nach, schneiden das Motiv aus und kleben es auf einen weißen Hintergrund (DIN A4).

Ergebnissicherung / Präsentation

- Die Ergebnisse werden etwas versetzt und überlappend auf einer Ausstellungsfläche angeordnet.

Tipp Das Thema eignet sich für den Fächer übergreifenden Unterricht in Biologie/Kunsterziehung.

Lösung

Name: Klasse: Datum:

Gefährlicher Fisch – Zeichenhilfe

Gerlinde Blahak: 45 Vertretungsstunden Kunst. Illustrationen: Gerlinde Blahak

7 Gegengesicht: Spitze und runde Formen

Ziel / Leitidee	Zeichnen nach Impulsen: spitz und rund / groß und klein, Flächengestaltung durch Muster
Klassenstufe	5/6
Vorbereitung / Material	Kopiervorlage in Klassenstärke, Filzstifte, Buntstifte, Lineal
Sozialform	gesamte Klasse, Einzelarbeit
Kompetenzbereich	Weiterzeichnen

Hinführung

- Der Lehrer teilt die Kopiervorlage an die Schüler aus.
- Die Schüler werden aufgefordert zu erzählen, was ihnen an dem Gesicht auffällt (unvollständig, verzerrt, gerade und geschwungene Linien, …).
- Der Lehrer erklärt, dass die Schüler das Gesicht fertig zeichnen sollen, aber dabei ständig im Kopf „umschalten" müssen:

> *Alle runden Formen werden in der anderen Gesichtshälfte zu eckigen, spitzen Formen, große Einzelheiten werden zu kleinen und umgekehrt.*

Hauptphase

- Die Schüler entwerfen mit schwarzem Filzstift (und evtl. Lineal) die fehlenden Details (1–8).
- Sie zeichnen nicht vor, sondern direkt auf die Kopiervorlage.
- Beispiele: *(1) rundes, großes Auge, rundes Brillenglas – spitzwinkliges, kleines Auge, eckiges Brillenglas, (2) runder Nasenflügel – spitzer Nasenflügel*
- Der Lehrer fordert die Schüler auf, die Unterschiede auch mit Filz- und Buntstiften durch verschiedene Farben und Muster herauszuarbeiten.

Ergebnissicherung / Präsentation

- Die Schüler geben „ihren" Gesichtern Fantasienamen, die auf Kärtchen zusammen mit den Lösungen präsentiert werden.

Lösung

Name: Klasse: Datum:

Gegengesicht – Kopiervorlage

Gerlinde Blahak - 45 Vertretungsstunden Kunst. Illustrationen: Gerlinde Blahak

8 Gesichtsausdrücke: 3D-Papierarbeit

Ziel / Leitidee	dreidimensionales Gestalten mit Altpapier, Mimik durch Collageteile
Klassenstufe	5 / 6
Vorbereitung / Material	Zeitungspapier (2 Doppelseiten), Küchenpapier, Packpapier (DIN A5), Tonpapierreste, Bleistift, Schere, Bürohefter, Klebestift, Orientierungshilfe und Kopiervorlage (Gesicht/Gesichtsausdrücke) in Klassenstärke
Sozialform	gesamte Klasse, Einzelarbeit
Kompetenzbereich	Schneiden, Formen, Kleben, Gefühle darstellen

Hinführung

- Der Lehrer beginnt die Stunde mit einem Zuordnungsrätsel:

> - *Auf der Kopiervorlage, die ihr gleich erhalten werdet, sind sechs Gesichter zu sehen. In welcher Stimmung sind die Personen? Ordne die darunter stehenden Begriffe den einzelnen Gesichtern zu.*
> - *Betrachtet nun genau die Augenform, die Stellung der Brauen, die Lage der Pupillen und die Form des Mundes. Sie tragen wesentlich dazu bei, einen Gesichtsausdruck hervorzurufen.*
> - *Bei der folgenden Aufgabe sollt ihr nun Gesichtsausdrücke durch Form und Lage von ausgeschnittenen und aufgeklebten Papierteilen gestalten.*

- Als Besonderheit wird das Ausgangsmaterial Alt- und Abfallpapier wie Zeitungen, alte Umschläge, Küchenpapier vom Lehrer in ausreichender Menge bereitstellt.

Hauptphase

- Grundform des Gesichts:
  - › Die Schüler legen zwei Doppelseiten Zeitungspapier aufeinander (4-lagig) und zeichnen mit Bleistift einen Kreis (Durchmesser ca. 30 cm) vor (1).
  - › Sie schneiden die Kreisfläche aus (es müssen ca. 15 cm der Kreislinie noch offen bleiben) und tackern alle Lagen ringsherum zusammen. (Ausnahme: Es müssen 15 cm der Kreislinie zur Weiterbearbeitung offen bleiben.)
  - › Dann wird das Gesicht mit kleinen Papierpäckchen aus Zeitung locker ausgestopft und die Form mit dem Hefter geschlossen (2)
  - › Aus doppelt genommenem Küchenpapier falten die Schüler zwei Päckchen (10 cm x 10 cm), schneiden eine offene Seite zu Fransen und heften sie als Haarteile im oberen Bereich an das Gesicht (3).

› Danach schneiden die Schüler aus Packpapier eine Kappe und heften diese ebenfalls auf das Gesicht (4).
› Aus Küchenpapier kreieren sie eine Krempe (5), die so angeklebt wird, dass sie die Metallklammern verdeckt.

- Gesichtszüge:
  › Die Schüler orientieren sich an der Kopiervorlage (Zeichenhilfe), wenn sie nun Augenform, Lage der Brauen, Nase, Ohren und Form des Mundes auf Tonpapierresten vorzeichnen.
  › Die Teile werden entsprechend des Gesichtsausdrucks, den die Schüler darstellen wollen, angeordnet. Dabei achten sie besonders, wie anfangs angeregt, auf die Lage der Pupille, Brauen und die Mundform (Kopiervorlage 1).
- Die Schüler zeichnen mit Bleistift vor und schneiden alle Teile aus doppelt genommenem Papier aus (Symmetrie!) und kleben sie schließlich auf.

Ergebnissicherung

- Die Gesichter können am oberen Rand mit einem Loch versehen (Locher, Lochverstärker) und an Schnüren aufgehängt werden.

Mögliche Anschlussaktivitäten

- Die Schüler **zeichnen** mindestens 18 Rechtecke und anschließend „Rechtecksbilder“.

Orientierungshilfe / Lösung

Gesichtsausdrücke

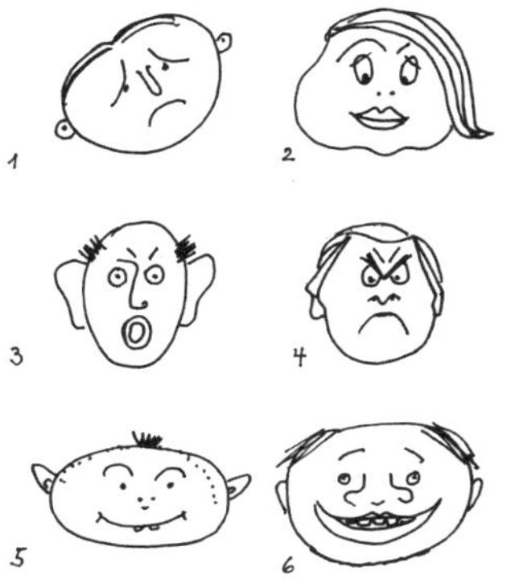

freundlich - erstaunt - zum Lachen aufgelegt

erschrocken - traurig - wütend

Name: Klasse: Datum:

Gesichtszüge – Zeichenhilfe

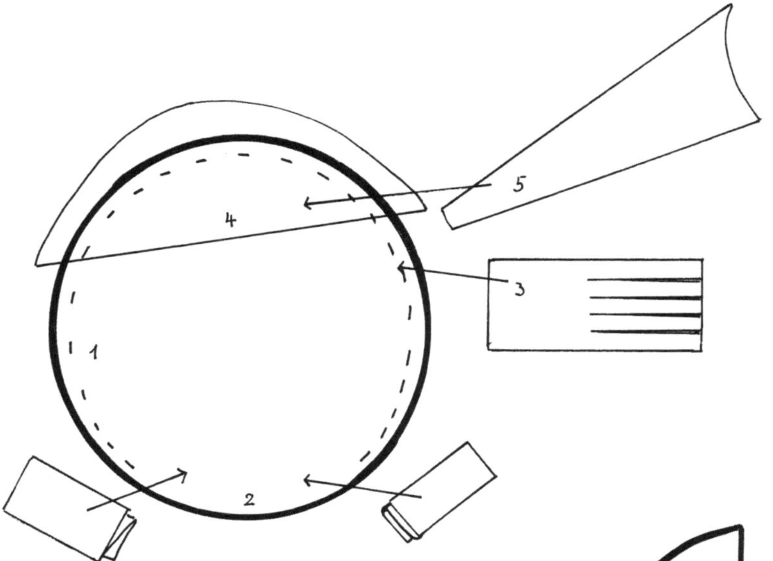

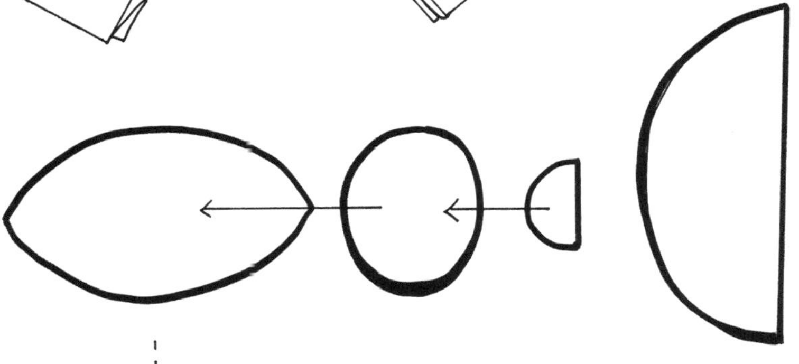

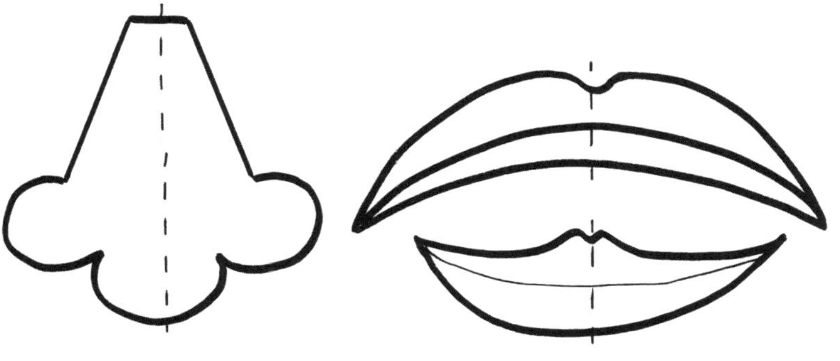

Gruselmonster: Übermalen

Ziel / Leitidee	Zeichenimpulse aufnehmen und weiterführen, Maltechniken verbinden (Wachsmalkreiden, Übermalen)
Klassenstufe	5 / 6
Vorbereitung / Material	Kopiervorlage (DIN A4) in Klassenstärke (weißes Papier 125 g / m^2), Bleistift, schwarzer Filzstift, Wachsmalkreiden (nicht wasserlöslich), Malkasten, Pinsel Nr. 12, Wassergefäß, Küchenpapier
Sozialform	gesamte Klasse, Einzelarbeit
Kompetenzbereich	Weiterzeichnen, neue Aspekte beim Umgang mit Wachsmalkreiden und Deckfarben

Hinführung

- Der Lehrer teilt die Kopiervorlagen an die Schüler aus.
- Die Schüler stellen im Unterrichtsgespräch Vermutungen zum Thema an und wie die vorgegebenen Linien weitergeführt werden könnten.

Hauptphase

- Der Lehrer fordert die Schüler auf mit Bleistift das Motiv weiter zugestalten:

> *Führt angefangene Linien fort. Ergänzt weitere Details (Haare, Hörner, Zähne, Krallen, …). Zieht alle Entwurfslinien mit schwarzem Filzstift nach.*

- Anschließend gibt der Lehrer zur Ausgestaltung mit bunten Wachsmalkreiden folgende Tipps:

> *Setzt die Kreiden mit unterschiedlichem Druck ein. Verwendet auch weiße Wachsmalstifte. Legt Farbflächen übereinander (Farbmischung!). Lasst an einigen Stellen das Weiß des Hintergrundes stehen.*

- Dann nehmen die Schüler mit dem Pinsel Gelb oder Orange aus dem Malksten, mit viel Wasser vermischt, auf und bemalen die gesamte Blattfläche in waagrechten, parallelen Strichen. Die mit Wachmalstiften gestalteten Partien stoßen die Farbe ab. Zusätzlich können an einigen Stellen mit Küchenpapier Farbspuren weggewischt werden.
- Nach dem Trocknen ziehen die Schüler markante Linien nochmals mit schwarzem Filzstift nach.

Ergebnissicherung / Präsentation

- Die Arbeiten werden nebeneinander präsentiert, wobei diejenigen, bei denen Verzerrung und Gruseleffekt besonders eindrucksvoll gelungen sind, an herausgehobener Stelle platziert werden.

Alternativen

- Die Schüler übernehmen die Linien der Vorzeichnung (Durchpausen) auf ein Zeichenblatt in größerem Format (DIN A3) und zeichnen den Körper des Monsters nach eigenen Vorstellungen hinzu.
- Die Schüler entwerfen das gesamte Monster selbst.

Tipps
- Die Schüler tauschen gegenseitig Wachsmalstifte aus.
- Die Schüler verwenden die Ergebnisse im Deutschunterricht zur Illustration einer Drachengeschichte.

Lösung

Name: Klasse: Datum:

Gruselmonster

Gerlinde Blahak · 45 Vertretungsstunden Kunst. Illustrationen: Gerlinde Blahak

10 Gutschein: Verpackungsdesign

Ziel / Leitidee	Papierflächen übereinander montieren, dekoratives Verpacken, Schrift im Bild
Klassenstufe	5/6
Vorbereitung / Material	Tonpapier/Fotokarton (Postkartengröße), gemustertes/farbiges Papier (13 cm x 8 cm), Tonpapierreste, weißes Kopierpapier (DIN A5), Kopiervorlagen (Arbeitsanleitung/Lösung) in Klassenstärke, Bürohefter
Sozialform	gesamte Klasse, Einzelarbeit
Kompetenzbereich	Schneiden, Montieren, Schreiben, Verpacken

Hinführung

- Der Lehrer beginnt das Unterrichtsgespräch:

> *Was fällt euch spontan zu dem Begriff „Gutscheine" ein? Wer bietet sie an? Habt ihr schon einmal einen Gutschein verschenkt?*
> (Mögliche Schülerantworten: Kostenlose Extras in Geschäften, verbilligte Waren, Eintrittsermäßigung für Veranstaltungen usw. / Geschenk zum Muttertag, Geburtstag usw.)

- Der Lehrer erläutert, dass in der folgenden Unterrichtsstunde eine kreative Verpackung für einen „Blanko-Gutschein" gefertigt werden wird.
- Die Kopiervorlagen mit der Arbeitsanleitung werden ausgeteilt.

Hauptphase

- Der Lehrer stellt Tonpapier / Fotokarton in verschiedenen Farben, sowie gemustertes Papier und weißes Kopierpapier zur Verfügung.
- Die Schüler wählen für die Karte Tonpapier oder Fotokarton in einer beliebigen Farbe aus und schneiden ein Rechteck in Postkartengröße zurecht (ca. 15 cm x 11 cm).
- Aus gemustertem Papier, z. B. Geschenkpapier, alten Farbversuchen oder Kopien, schneiden die Schüler ein Rechteck (13 cm x 7 cm) für den Korb. Sie knicken die Fläche in der Mitte und schrägen die Seiten symmetrisch mit der Schere etwas ab (siehe Kopiervorlage).
- Anschließend befestigen sie das Papierteil mit zwei Metallklammern mit dem Bürohefter auf der Karte.
- Die Metallklammern werden mit kleinen Blüten- oder Blattmotiven aus Tonpapierresten überklebt (siehe Kopiervorlage).

- Aus weißem Papier, z. B. Kopierpapier, fertigen die Schüler ein kleines Schild (ca. 3 cm x 8 cm) und setzen den Schriftzug „Gutschein“ darauf. Dabei schreiben sie mit Bleistift vor und gestalten ihn anschließend mit Filzstiften aus. Das Schild wird mittig auf den Korb geklebt.
- Die Schüler fertigen noch kleine, gefaltete Kärtchen aus weißem oder farbigem Papier, die später mit einem entsprechenden „Gutschein-Text“ versehen werden können.

Ergebnissicherung/Präsentation

- Die Schüler stecken die Karte in einen farbig passenden Umschlag, bevor sie ihn verschenken.

Alternativen

- Alte Ansichtskarten, die von den Schülern mitgebracht werden, eignen sich gut als Grundschablone für die Karte.
- Der Schriftzug „Gutschein“ kann auch mit dem Computer geschrieben werden, dabei empfiehlt es sich, dass der Lehrer die Schriftzüge in Klassenstärke vorbereitet und die Schüler sich bedienen können.

Tipp Anleitungen zur Herstellung und Gestaltung von Umschlägen finden sich in diesem Buch 5/6).

Lösung

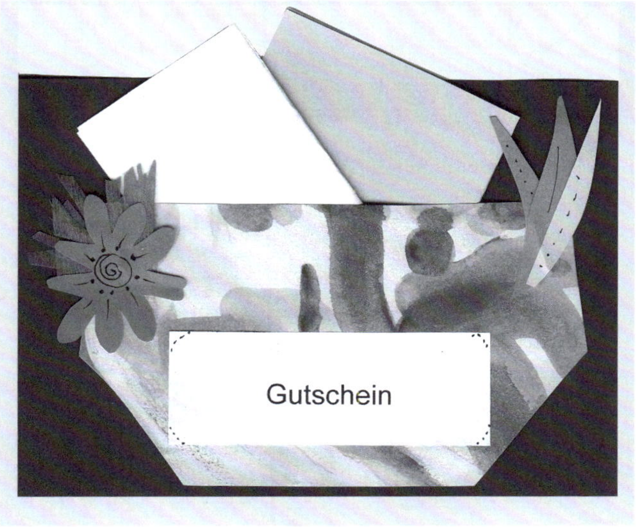

Name: Klasse: Datum:

Gutschein – Arbeitsanleitung

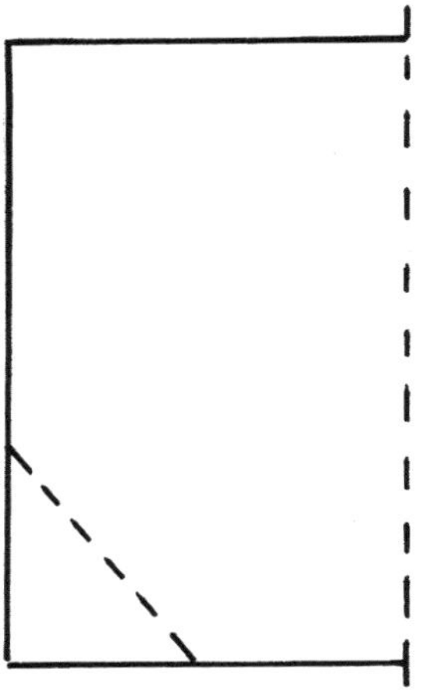

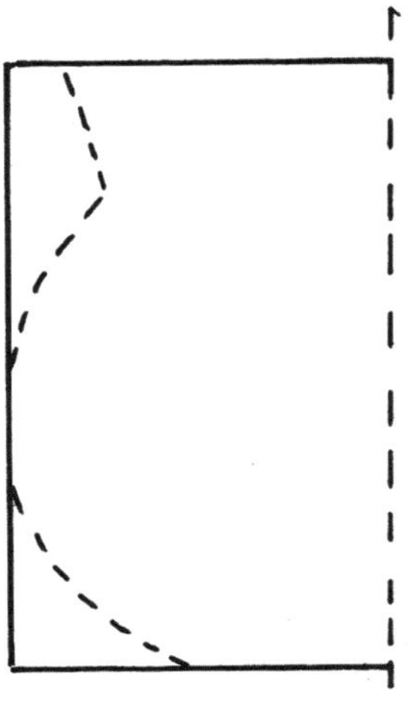

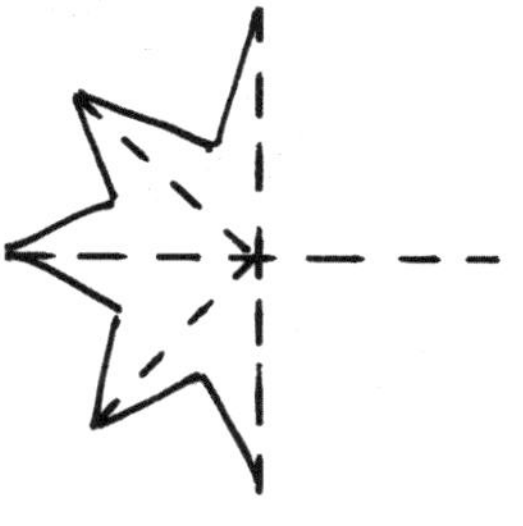

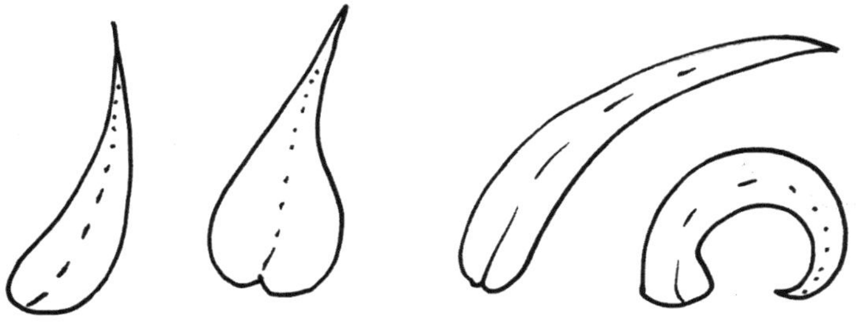

Kakadu: Zeichnen nach Zahlen

Ziel / Leitidee	Impuls-Arbeit mit dem Lineal: Punkte verbinden, Motiv entdecken und ausgestalten
Klassenstufe	5 / 6
Vorbereitung / Material	Kopiervorlage (Zahlenschema) in Klassenstärke, Lineal, Bleistift, Radiergummi, Wachsmalstifte, Filzstifte, Lösung 1 als Folie
Sozialform	gesamte Klasse, Einzelarbeit
Kompetenzbereich	Zeichnen, farbiges Gestalten mit Stiften

Hinführung

- Der Lehrer teilt gleich zu Stundenbeginn die kopierte Zahlenvorlage an jeden Schüler aus. Es gibt zum möglichen Motiv keine Hinweise, da der Überraschungseffekt gewahrt werden soll.

Hauptphase

- Das Motiv: Die Schüler verbinden mit Lineal und Bleistift die Zahlen von 1–69 der Reihe nach. Anfangs- und Endpunkt sind auf der Kopiervorlage jeweils hervorgehoben. Die Verbindungslinien werden dann mit feinzeichnendem schwarzem Filzstift nachgezogen.
- Farbige Ausgestaltung: Die Schüler wählen Wachsmalkreiden in beliebigen Farben aus, um größere Flächen auszumalen. Kleinere Flächen, Ränder, spitze Ecken werden dagegen mit Filzstiften in ähnlichen oder anderen Farben möglichst exakt ausgestaltet. Es ist auch möglich, Flächen durch Muster (z. B. Federn) aufzulockern oder Linien nochmals mit dem Lineal und Filzstiften farbig herauszuheben.

Ergebnissicherung / Präsentation

- Präsentieren Sie die Vögel zusammen mit Blättern aus grünem Tonpapier, die die Schüler selbst in einer eigenen Stunde anfertigen.
- Lassen Sie die Schüler Sprechblasen mit witzigen Aussagen zu den jeweiligen Vögeln anfertigen.

Lösung

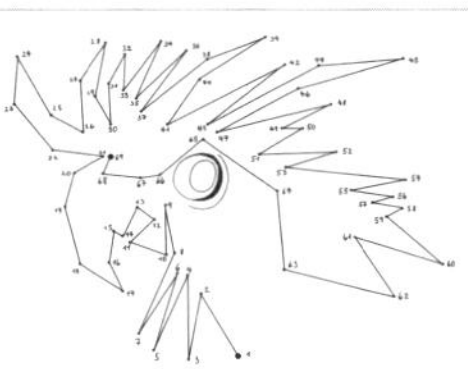

Name: Klasse: Datum:

Kakadu – Zahlenschema

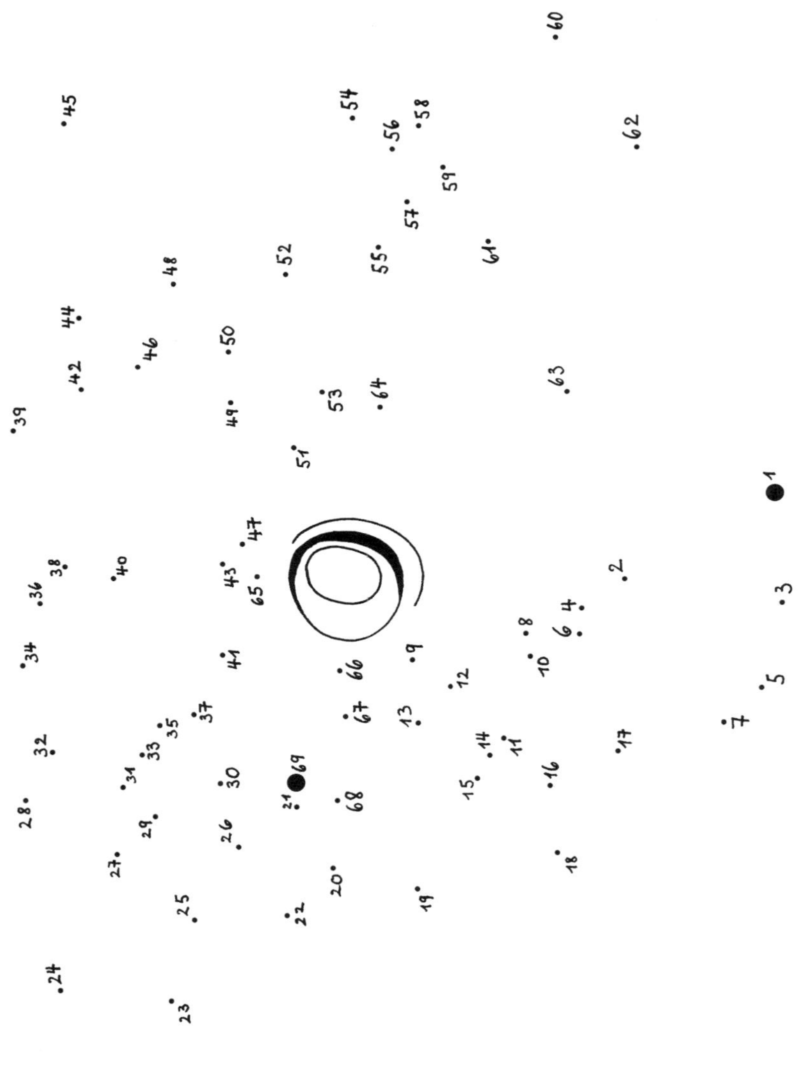

Gerlinde Blahak · 45 Vertretungsstunden Kunst. Illustrationen: Gerlinde Blahak

Klammer-Insekt: 3D-Papierarbeit

12

Ziel / Leitidee	dreidimensionales Arbeiten mit Papier, Figur-Grund-Bezug, Mischtechnik (Collage, Zeichnen)
Klassenstufe	5 / 6
Vorbereitung / Material	schwarzer Fotokarton (ca. 8 x 14 cm), farbiges/gemustertes Papier (ca. 6 x 12 cm), Tonpapierreste, weißes Papier, Lineal, Bleistift, Radiergummi, Schere, Filzstifte, Klebestift, Holzleim, Wäscheklammer, Kopiervorlage (Arbeitsanleitung) in Klassenstärke, Lösung auf Folie
Sozialform	gesamte Klasse, Einzelarbeit
Kompetenzbereich	Zeichnen, Schneiden, einfaches plastisches Gestalten mit Papier, Geschenkdesign

Hinführung

- Der Lehrer bittet die Schüler, ihm verschiedene Arten von Insekten zu nennen (mögliche Schülerantworten: Bienen, Hummeln, Schmetterlinge, Libellen, ...).
- Der Lehrer kündigt an, dass bei der folgenden Arbeit ein fantastisches Insekt kreiert werden soll, das mithilfe einer Klammer an Bilderrahmen, Glückwunschkarten, Blumensträußen etc. angebracht werden kann.
- Er zeigt kurz die Lösung auf Folie und teilt die Kopiervorlagen aus.
- Er bittet die Schüler, Reste von schwarzem Fotokarton und farbigem Papier sowie Bleistift und Lineal zurechtzulegen

Hauptphase

- Die Schüler schneiden ein Rechteck aus schwarzem Fotokarton (14 x 8 cm) zurecht, falten es in der Mitte zusammen und runden die Ecken zu Flügeln ab (Kopiervorlage Ebene A).
- Sie wiederholen diesen Vorgang mit farbigem Papier (z. B. Geschenkpapier, Farbstudien) mit den für Ebene B angegebenen Maßen.
- Sie wählen Papier in einer weiteren kontrastierenden Farbstellung und fertigen ein drittes, etwas kleineres Flügelmotiv an (Ebene C).
- Alle drei Teile werden nur in der Mitte mit Klebestift eingestrichen und mittig aneinandergeklebt.
- Für den Insektenkörper falten die Schüler weißes Papier (z. B. Zeichenpapier) zusammen und zeichnen die Umrisse des Körpers und Kopfes zur Hälfte entlang der Faltkante vor. Sie schneiden das Motiv aus und klappen es auseinander.
- Anschließend gestalten sie den Insektenkörper mit Filzstiften aus (Augen, Streifen, Punkte).

- Das Motiv wird mittig so mit Klebestift auf die Flügel geklebt, dass ein Teil des Kopfes und des Hinterleibes überstehen (diese Teile nicht mit Klebestift einstreichen!).
- Zwei schmale, langgezogene Dreiecke werden über den Scherenrücken abgezogen und als Fühler angeklebt.
- Biegt man die einzelnen Flügelebenen nach oben, ergibt sich ein 3D-Effekt.
- Zum Schluss wird die eine Seite einer Wäscheklammer mit Holzleim bestrichen und unten an das Insekt gedrückt.

Ergebnissicherung / Präsentation

- Die Insekten können als dekorative Papierobjekte an Bilder, Karten, Geschenkbänder usw. geklemmt werden.
- Sie eignen sich auch gut, um anderweitige bildnerische Arbeiten der Klasse auf der Präsentationsfläche dekorativ ins Blickfeld zu rücken.

Alternativen

- Flügelebene C kann noch mit weiteren kleinen Collageteilchen verziert werden.
- Die Schüler schreiben eventuell Initialen oder einen kurzen Glückwunsch auf diese Fläche

Tipp Setzen Sie die Unterrichtseinheit zu besonderen Anlässen, wie z. B. Muttertag, ein. Die kleinen Kunstwerke können auch bei Schulveranstaltungen zum Verkauf für einen guten Zweck angeboten werden.

Lösung

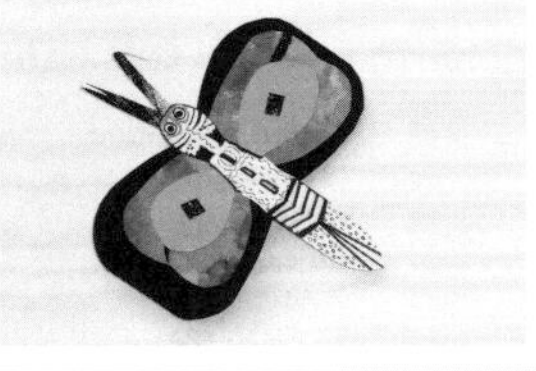

Name: Klasse: Datum:

Klammer-Insekt – Arbeitsanleitung

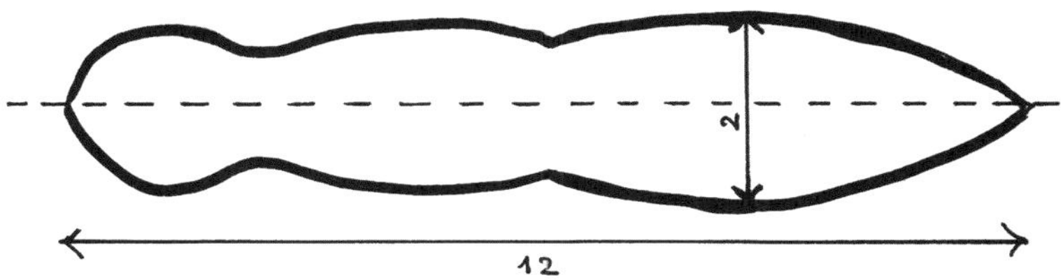

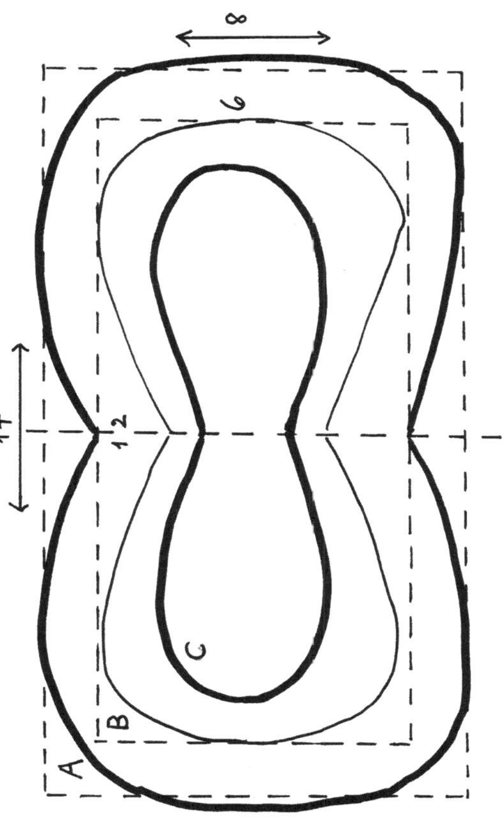

Gerlinde Blahak · 45 Vertretungsstunden Kunst. Illustrationen: Gerlinde Blahak

13 Mister Bart: Schneiden, Kleben, Zeichnen

Ziel / Leitidee	Flächen weiterentwickeln, Kombination von Techniken
Klassenstufe	5/6
Vorbereitung / Material	Tonpapierreste, weißes Zeichenpapier (DIN A4), schwarzer Filzstift, Bleistift, Schere, Klebestift, Lösungsvorschlag als Folie
Sozialform	gesamte Klasse, Einzelarbeit
Kompetenzbereich	Formen wahrnehmen, Gestaltungstechniken gezielt anwenden

Hinführung

- Unterrichtsgespräch:
- Die Schüler beantworten folgende Lehrerfragen:

> - *Welche Wettbewerbe kennt ihr, wo Personen gegeneinander antreten?*
>   (Mögliche Schülerantworten: European Song-Contest, Oympiade, DSDS usw.)
> - *Welche ungewöhnlichen Wettbewerbe kennt ihr?*
>   (z. B. Ähnlichkeit zwischen Hund und Herr, Elvis-Impersonator, …)

- Überleitung:

> *Heute geht es um einen Bart-Wettbewerb. Der Sieger kann sich dann Mr. Bart nennen. Haltet euere Ideen folgendermaßen auf einem Zeichenblatt fest.*

Hauptphase

- Die Lehrkraft erklärt die Vorgehensweise:

> *Da der Bart das Wichtigste ist, beginnen wir mit ihm.*
> *Er wird aus Tonpapier in beliebiger Farbe und origineller Form ausgeschnitten und auf weißes Zeichenpapier (DIN A4) geklebt.*
> *Zusätzlich schneidet ihr eine (ausgefallene) Kopfbedeckung zurecht und klebt sie mit etwas Abstand über den Bart. Es kann mit und ohne Bleistiftvorzeichnung gearbeitet werden.*
> *Gesichtszüge (Augen, Ohren, Mund, Nase, im Profil oder vor vorne) und eventuell Haare werden erst jetzt im Anschluss mit Bleistift hinzugezeichnet. Zieht sie dann mit schwarzem Filzstift nach.*

- Im Anschluss zeigen Sie kurz eine mögliche Lösung auf einer Folie um den Vorgang zu demonstrieren.

Präsentation / Ergebnissicherung

- Nachdem die Schüler ihren „Mr. Bart“ entwickelt haben, hängen sie die Ergebnisse, mit Nummern versehen, nebeneinander auf. Die Klasse als Jury bestimmt per Strichliste, welche Typen beim Wettbewerb die ersten drei Plätze belegen.

Tipp Neben Schnurrbärten können auch Kinnbärte gestaltet werden. Wenn die Schüler zwei Köpfe ausarbeiten wollen, muss die Blattfläche entsprechend eingeteilt werden.

Lösung

14 Schildkröte: Gemusterte Flächen

Ziel / Leitidee	Strukturierung einer Fläche durch Ornamente, Erweiterung der Außenkonturen durch Kleben und Schneiden
Klassenstufe	5 / 6
Vorbereitung / Material	3 – 4 Blätter Tonpapier (DIN A4) in unterschiedlichen Farben pro Schüler, Kopiervorlage in Klassenstärke, Filzstifte, Bleistift, Schere, Klebestift, evtl. Abbildung einer Schildkröte
Sozialform	gesamte Klasse, Einzelarbeit
Kompetenzbereich	Muster erfinden, Kleben, Schneiden

Hinführung

- Der Lehrer zeigt die Abbildung einer Schildkröte, um den Schülern die Strukturierung des Panzers zu demonstrieren.
- Die Schüler erhalten die kopierte Zeichenschablone mit dem Hinweis, die Körperfläche fantasievoll nach eigenen Ideen zu strukturieren.

Hauptphase

- Die Schüler teilen mit einer Bleistiftlinie die Schablone senkrecht in zwei Hälften. So wird die symmetrische Anordnung von Mustern auf der Fläche erleichtert.
- Als nächsten Schritt beginnen die Schüler (mit oder ohne Bleistiftvorzeichnung) Muster und Ornamente zu erfinden: Längsstreifen, Wellenlinien, Punkte, schuppenartige Ornamente, Zickzacklinien, Spiralen, Kreise und Halbkreise, … Farbige Flächen werden umrandet oder weiße Zwischenräume ausgefüllt. Sie setzen Filzstifte in verschiedenen Farben und Stärken ein.
- Kopf, Beine und Schwanz werden abgesetzt und besonders hervorgehoben.
- Am Ende wird das Motiv entlang der äußeren Umrisskanten im Abstand von ca. 0,5 cm ausgeschnitten, so dass ein weißer Rand stehen bleibt (siehe Kopiervorlage).
- Anschließend wird die Schildkröte auf Tonpapier in einer kontrastierenden Farbe (z. B. Schwarz, Rot) geklebt und nochmals im Abstand von 0,5 cm ausgeschnitten.
- Dieser Vorgang kann mit Papier in anderen Farbstellungen wiederholt werden, bevor man das Motiv auf einem Hintergrund aus Tonpapier (DIN A4) fixiert.

Lösung

Name: Klasse: Datum:

Schildkröte – Zeichenschablone

15 Stürmische See: Schichtenbild

Ziel / Leitidee	Aufbau eines Bildes in Collagetechnik vom Hintergrund zum Vordergrund
Klassenstufe	5 / 6
Vorbereitung / Material	schwarzer Fotokarton (DIN A4), blaues Tonpapier in drei verschiedenen Farbstufen (DIN A4), Reste von weißem und farbigem Fotokarton (ca. 15 cm x 10 cm), Kopiervorlage (Schneideanleitung) in Klassenstärke, Schere, Klebestift
Sozialform	gesamte Klasse, Einzelarbeit
Kompetenzbereich	Schneiden ohne Vorzeichnung, Kleben, Symmetrieschnitt

Hinführung

- Der Lehrer stellt einleitend Fragen zum Thema „Stürmische See“:

> *Heute geht es um einen Bart-Wettbewerb. Der Sieger kann sich dann Mr. Bart nennen. Haltet euere Ideen folgendermaßen auf einem Zeichenblatt fest.*

- Die Schüler berichten von ihren Erlebnissen.
- Der Lehrer kündigt an, dass es sich bei der folgenden Aufgabe darum handelt, ein vom Sturm aufgewühltes Meer durch entsprechend zugeschnittene und aufgeklebte farbige Flächen darzustellen.

Hauptphase

- Die Schüler legen schwarzen Fotokarton (DIN A4) als Bildträger sowie Tonpapier in drei verschiedenen Blautönen (DIN A4) zurecht.
- Sie wählen eine blaue Farbfläche und schneiden waagrecht entlang einer Längskante eine Wellenlinie aus (Kopiervorlage 1). Dabei wird nicht vorgezeichnet, sondern gleich mit der Schere gearbeitet.
- Sie kleben diese Fläche als bewegte Horizontlinie etwa 5 cm von oberen Rand des Hintergrundes entfernt auf.
- Um das aufgewühlte Meer noch deutlicher darzustellen, schneiden die Schüler eine Bootsform, sowie Segel und Masten aus kontrastierendem Tonpapier zurecht, die sie in Vorder- oder Seitenansicht gestalten können (Kopiervorlage). Das Schiff wird schräg ins Bild gesetzt. Segel und Mast ragen über die obere Bildkante hinaus.
- Aus Tonpapier in einem zweiten Blauton wird ein Streifen mit Wellenbergen und -tälern ausgeschnitten und als nächste Wasserschicht so fixiert, dass die Unterkante des Bootes teilweise verdeckt wird (Kopiervorlage 2).
- Nachdem man den Vorgang mit einer dritten Farbe wiederholt hat (Kopiervorlage 3), werden die überstehenden Flächen dem Rechteck des Hintergrundes angepasst.

Ergebnissicherung / Präsentation

- Die Schüler ordnen ihre Ergebnisse schräg und etwas überlappend auf der Präsentationsfläche an, um die Bildidee „Sturm“ zu verdeutlichen.
- An der Bordwand des Schiffes oder auf der Fläche der Segel lassen sich die Initialen des jeweiligen Schülers oder Hinweise auf die Klasse und das Schuljahr anbringen. Dabei schreiben die Schüler mit Bleistift vor und fahren die Linien mit Filzstift nach.

Alternativen

- Die beim Schneiden anfallenden Reststreifen lassen sich zuschneiden und lockern, spiegelverkehrt aufgeklebt, als kürzere oder längere Wellenformen die Wasserfläche auf (siehe Lösungsvorschlag).
- Das Boot kann zwei Masten, einen Mastkorb und mehrere Segel aufweisen. Alle Teile werden wieder ohne Vorzeichnung (eventuell im Symmetrieschnitt) aus farbig kontrastierendem Tonpapier ausgeschnitten und mit Klebestift fixiert.

Tipp Das Thema eignet sich als Einstiegsstunde in ein neues Schuljahr.

Lösung

Name: Klasse: Datum:

Stürmische See – Schneideanleitung

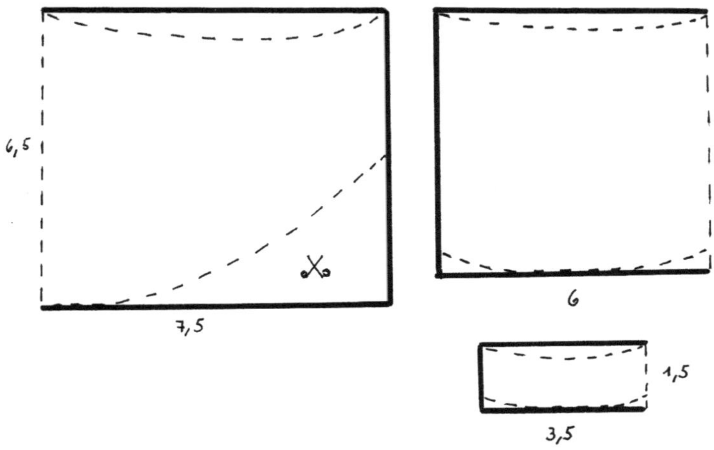

Abstimmungskarten: Figuren aus dem Rechteck

Ziel / Leitidee	Zusammenwirken von Schrift und Bild im Hinblick auf Informationswert und Design
Klassenstufe	7 / 8
Vorbereitung / Material	Kopiervorlage (Abstimmungskarten), Fotokarton in zwei kontrastierenden Farben (DIN A5) in Klassenstärke, Bleistift, Radiergummi, schwarzer Filzstift, Lineal. Schere, Klebestift
Sozialform	Gemeinschaftsarbeit aus Einzelarbeiten
Kompetenzbereich	gemeinschaftliches Gestaltungsvorhaben für die ganze Klasse, Schablonen (Rechteck) zeichnerisch umgestalten

Hinführung

- Der Lehrer schildert folgende Situation:

> *In euerer Klasse soll (nach eingehender Diskussion) über ein Projekt, ein Ziel für den Schulausflug, das Thema für die Klassenlektüre usw. abgestimmt werden. Auf welche Weise geschieht das?*

- Schüler geben Antworten, z. B. Ankreuzen von „Ja" und „Nein" auf Zetteln usw.
- Das Stundenthema wird erklärt und zur Veranschaulichung werden evtl. Abstimmungskarten gezeigt (Folie, Lösungen).

Hauptphase

- Der Lehrer verteilt Karten (DIN A5) aus Fotokarton in zwei unterschiedlichen Farben. Gemeinsam wird festgelegt, welche Farbe für Zustimmung oder Ablehnung stehen soll.
- Mit Bleistift und Lineal zeichnen die Schüler nach der Anleitung auf der Kopiervorlage ein Rechteck auf.
- Sie reservieren am oberen Ende eine Fläche (8 cm) für den Schriftzug (z. B. „Dafür"), schneiden das entsprechende Schild aus und kleben es in diese Fläche.
- Sie unterteilen die restliche Rechteckfläche in beliebig breite Streifen für Haare, Gesicht, Körper.
- Aus weißem Papier (Rest der Kopiervorlage) schneiden sie zwei Augenformen zurecht und kleben sie auf.
- Anschließend zeichnen sie zwei dünne Arme und Hände, die das Schild halten, sowie zwei Füße am unteren Rechteckrand auf.
- Zuletzt ziehen sie alle Bleistiftlinien mit schwarzem Filzstift nach und ergänzen Augenlider, Pupillen, Mund, Nase, Haare, Muster auf der Kleidung usw.

Ergebnissicherung / Präsentation

- Die Abstimmungskarten werden nach Fertigstellung in einer Schachtel im Klassenschrank aufbewahrt.
- Sie können in allen Fächern und auch bei Elternabenden eingesetzt werden.

Tipp Um den Rand der Karten (ca. 3 cm) abzumessen, kann die Breite eines Lineals eingesetzt werden. Als Augenschablone dient der Umriss der Kappe eines Klebstifts. „Schnelle" Schüler fertigen weitere Abstimmungskarten an.

Lösung

Name: Klasse: Datum:

Abstimmungskarten: Figuren aus dem Rechteck

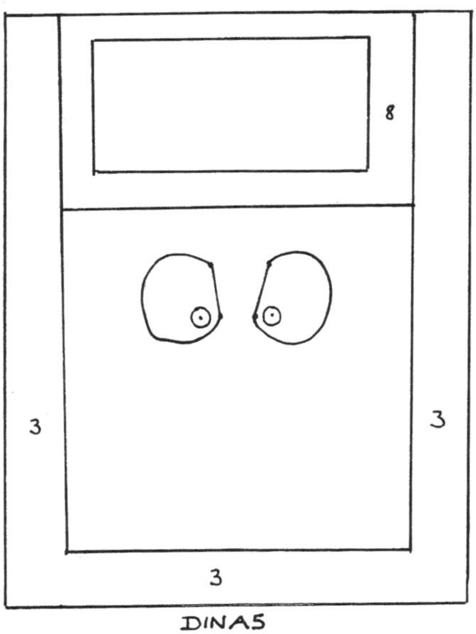

DINA5

17 Bunte Haare: Zeichnen und Collagieren

Ziel / Leitidee	Binnenstrukturierung von Flächen durch Collageteile und Linien
Klassenstufe	7 / 8
Vorbereitung / Material	weißes Zeichenpapier (DIN A4), Lösungen als Folie, schwarzer Filzstift, schwarze Tonpapierreste, Schere, Klebestift, Wachsmalkreiden
Sozialform	gesamte Klasse, Einzelarbeit
Kompetenzbereich	lineares Zeichnen, gezieltes Schneiden und Kleben, Akzentuieren mit Farbe

Hinführung

- Der Lehrer gibt folgende Situation vor:

> *Durch einen Friseurbesuch wollt ihr eueren Typ radikal verändern.*
> *Welche Anweisungen gebt ihr dem Friseur?*
> (Mögliche Schülerantworten: lange Fransenfrisur (Haarverlängerung), Irokesenschnitt, Undercut, andere Haarfarbe, bunte Strähnen usw.

- Der Lehrer kündigt an, dass die Schüler eine außergewöhnliche Frisur aus gezeichneten und geklebten Haarsträhnen für ein Frisurenmodel kreieren werden.
- Zur Erläuterung werden die Lösungen als Folie gezeigt.
- Tonpapierreste in verschiedenen Farben liegen zur Auswahl vor.

Hauptphase

- Die Schüler entscheiden, ob sie eine Frisur für ein männliches oder weibliches Model entwerfen wollen und in welchen Farben die Haarsträhnen angelegt werden sollen.
- Sie zeichnen ohne Vorzeichnung mit schwarzem Filzstift die grobe Skizze eines Kopfes und die Umrisse der Frisur auf ein weißes DIN-A4-Blatt. Weisen Sie darauf hin, dass die vorskizzierten Linien jederzeit durch Collageteile überklebt und die Konturen verändert werden können.
- Die Schüler schneiden Strähnen aus dem gewählten Tonpapier zurecht, die den Entwurfslinien folgen oder sie überlagern. Sie reichen z. B. in die Gesichtsfläche hinein und über den Oberkopf hinaus.
- Entstehende Zwischenräume werden durch Linienmuster mit schwarzem Filzstift ausgefüllt.
- Zum Schluss setzen die Schüler mit Wachsmalkreiden farbige Akzente in die collagierten Flächen. Die Gesichtsfläche bleibt weiß.

Ergebnissicherung / Präsentation

- Vielleicht findet sich ein Friseurladen, der sein Schaufenster als Ausstellungsfläche zur Verfügung stellt.
- Dekorieren Sie die Garderoben der Schüler mit den Ergebnissen.

Alternativen

- Regen Sie an, für das Gesicht ein Selbstporträt zu versuchen.
- Weibliche Gesichter werden aus einer ovalen Fläche gestaltet, männliche Gesichter weisen eher kantige Umrissformen auf.

Lösung

18 Galionsfiguren: Zeichnen und Ausgestalten

Ziel / Leitidee	Entwickeln von Außen-. und Binnenlinnen, Farbe-an-sich-Kontrast, Strukturieren von Flächen
Klassenstufe	7 / 8
Vorbereitung / Material	weißes Zeichenpapier (DIN A4), Kopiervorlage (Zeichenanleitung) in Klassenstärke, Bleistift, Radiergummi, Wachsmalstifte, Filzstifte, Lineal
Sozialform	gesamte Klasse, Einzelarbeit
Kompetenzbereich	Zeichnen aus der Fantasie, Ausgestalten mit farbigen Stiften

Hinführung

- Der Lehrer zeigt Schiffsbilder mit Galionsfiguren und fragt: *Was symbolisieren Galionsfiguren? Wozu dienten sie?* (Schülerantworten: Ungeheuer, Zwitterwesen Mensch / Tier, Fischmonster – Dekoration, Schutz, Erkennungsmerkmal)
- Die Schüler sollen nun mindestens zwei Galionsfiguren entwerfen.

Hauptphase

- Der Lehrer teilt die Kopiervorlagen mit den Arbeitsanleitungen aus und erklärt:

  - *Entwerft auf dem Zeichenblatt zwei Figuren untereinander.*
  - *Zeichnet mit Bleistift und Lineal einen langen, schräg im Bild sitzenden Hals (1).*
  - *Am oberen Ende sitzt ein Kopf, der aus einem Oval gestaltet wird (2).*
  - *Fügt je nach Entwurf Gesichtszüge und Haare, Flossen, Zähne hinzu (3/4).*
  - *Deutet am seitlichen Bildrand das Heck eines Schiffes an (5).*
  - *Beginnt nun größere Flächen mit Wachsmalstiften auszuarbeiten.*
  - *Für feinere Details setzt ihr Filzstifte ein.*
  - *Verwendet kontrastierende Farben, strukturiert einige Flächen mit Mustern.*

Ergebnissicherung / Präsentation

- Die Ergebnisse werden nebeneinander auf einer Präsentationsfläche aufgehängt.

Lösung

Name: Klasse: Datum:

Galionsfiguren – Zeichenanleitung

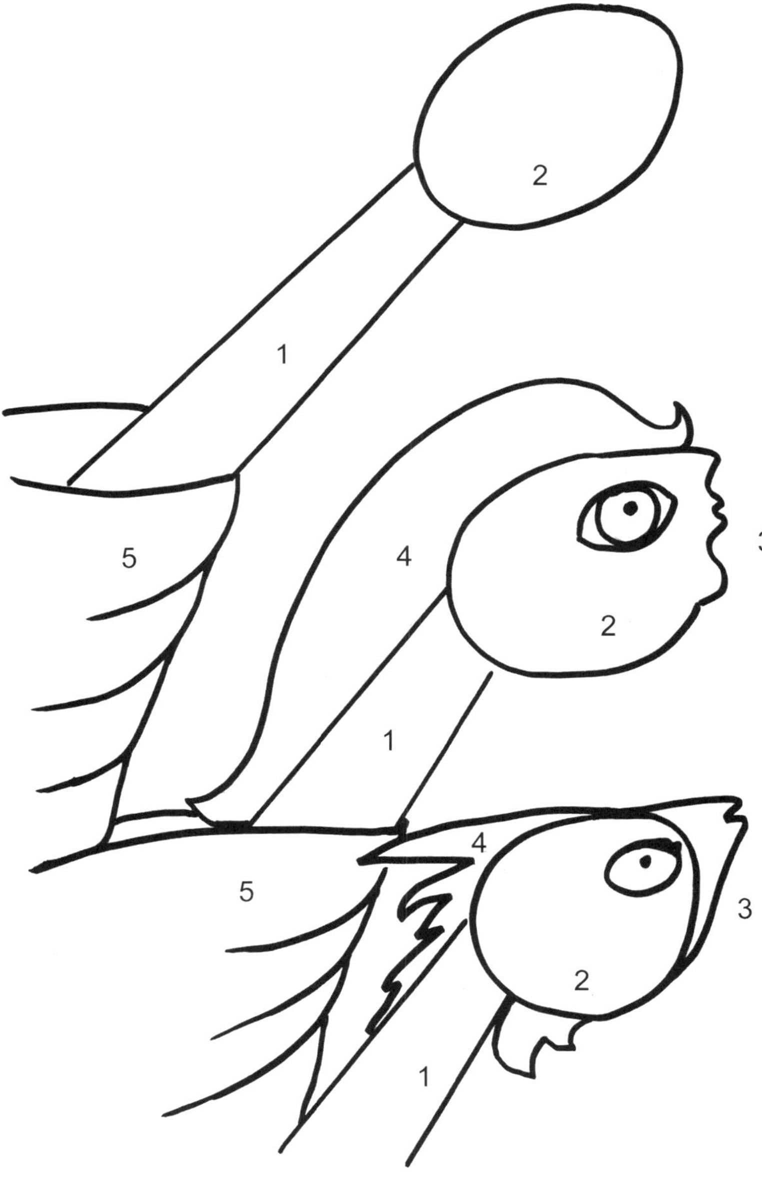

Gerlinde Blahak · 45 Vertretungsstunden Kunst. Illustrationen: Gerlinde Blahak

19 Hawaii-Hemden: Stoff- und Modedesign

Ziel / Leitidee	Zeichnen von Formen aus der Natur als Flächen füllende Elemente, Collage aus selbst gestaltetem, farbigem Papier
Klassenstufe	7 / 8
Vorbereitung / Material	weißes Zeichenpapier (DIN A4), schwarzes Tonpapier (DIN A4), Bleistift, Radiergummi, Filz-/Buntstifte, Schere, Klebestift, Kopiervorlage (Schneideanleitung), Abbildungen von exotischen Blüten und Pflanzen, ein Sommerhemd (klassischer Schnitt)
Sozialform	gesamte Klasse, Einzelarbeit
Kompetenzbereich	zeichnerischer Umgang mit farbigen Stiften, Mode entwerfen und beurteilen

Hinführung / Erwärmung

- Der Lehrer bringt ein klassisch geschnittenes Hemd (Herrenhemd, kurzer Arm) mit und zeigt Abbildungen von Blüten und Pflanzen aus Hawaii/der Südsee.
- Er fordert die Schüler auf folgende Frage zu beantworten:

> *Wer kann eine Beziehung zwischen Hemd und Blatt-/Blütenformen herstellen? Möglicher Tipp: Wir begeben uns in den Bereich der Mode!*

- Er erklärt, dass die Schüler zunächst ein exotisches Stoffmuster entwerfen sollen und sich anschließend als Hemden-Designer betätigen werden.

Hauptphase

- Stoffdesign:
  - › Die Schüler teilen ein weißes DIN A4-Blatt in zwei Hälften (DIN A5).
  - › Sie entwerfen mit schwarzem Filzstift für jede Fläche ein anderes Stoffdesign mit Formen aus der Natur. Folgende Ideen stehen zur Auswahl: Grüne Hölle, exotische Blütenpracht, Palmenstrand, Fische und Meereswellen.
  - › Je nach Thema legen sich die Schüler zum Ausgestalten Filz- und Malstifte in einem gewissen Farbspektrum zurecht: Rot/Gelb/Orange (Blüten) – Blau-Grün- und Gelb-Töne (Meer) – Grün/Orange/ Blau (Dschungel). Sie gestalten Einzelheiten aus und füllen Zwischenflächen im Hintergrund durch Schummern (Malstifte).
- Collage-Arbeit:
  - › Die Schüler zeichnen auf der Rückseite der bearbeiteten Blätter einfache Hemdenformen vor. Dabei orientieren sie sich an dem Vorschlag der Kopiervorlage oder ändern die Formen kreativ ab.

› Sie schneiden die Motive aus und kleben sie auf eine Hälfte einer schwarzen Tonpapierfläche (DIN A4).
› Aus den anfallenden Resten und weißem Papier (Rückseite!) gestalten sie für die Modelle Kragen, Taschen, Ärmelumschläge, Knopfleiste usw. und kleben die Teile auf. Es können auch Details aus dem jeweils anderen Stoffmuster integriert werden.
› Zum Schluss zeichnen sie mit weißem Malstift oben an das Designerstück den Haken eines Kleiderbügels.

Ergebnissicherung / Präsentation

- Präsentieren Sie die Ergebnisse zusammen mit den Kopien der ursprünglichen Stoffmuster.
- Dafür werden die Entwürfe (farbig oder schwarz-weiß) vor Beginn der Collagearbeit kopiert.

Alternativen

- Die Schüler können die Entwürfe zunächst grob mit Bleistift anlegen.
- Kopien der Entwürfe lassen sich gut z. B. zur Verzierung von Deckblättern oder Geschenkkärtchen verwendet werden.

Tipp Ideal wäre, wenn der Lehrer ein Hemd im Hawaiistil als Anschauungsmaterial mitbringt. Setzen Sie das Thema zum Schuljahresschluss (bevorstehende Ferienzeit!) ein.

Lösung

Name: Klasse: Datum:

Hawaii-Hemden – Schneideanleitung

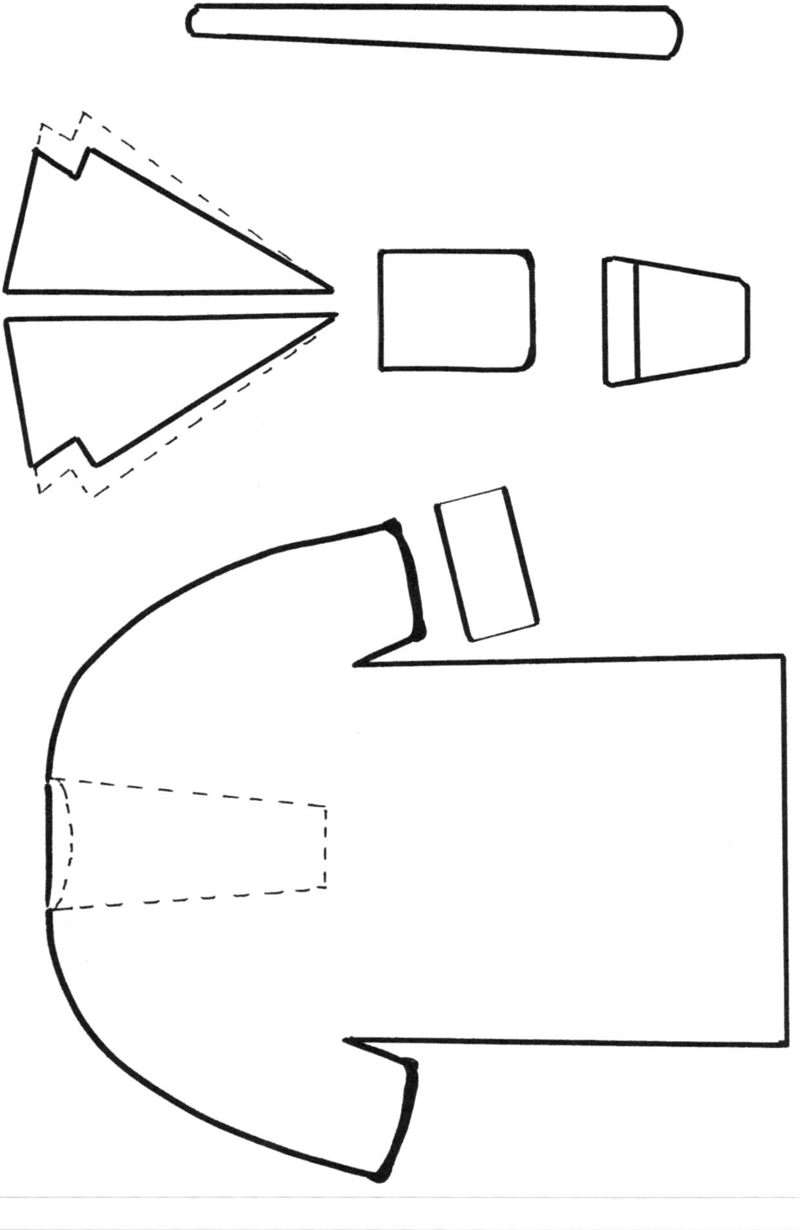

Hügellandschaft: Spaltschnitt

20

Ziel / Leitidee	Figur-Grund-Bezug, Linien durch Spaltschnitt, Mischtechnik (Schneiden, Kleben, Zeichnen). Grafik (Fläche und Linie)
Klassenstufe	7 / 8
Vorbereitung / Material	2 Blatt weißes Zeichenpapier (DIN A4) je Schüler, dunkles Tonpapier (ca. 12 cm x 19 cm), Schere, Klebestift, schwarzer Filzstift, Kopiervorlage (Arbeitsanleitung Spaltschnitt) für eine Folie
Sozialform	gesamte Klasse, Einzelarbeit
Kompetenzbereich	Zerschneiden, Kleben, Weiterzeichnen

Hinführung

- Der Lehrer demonstriert das Entstehen von Linien mittels Spaltschnitt auf dem Tageslichtprojektor: Aus einer Papierfläche (ca. 10 cm x 15 cm) entsteht durch gezielte Schnitte und Auseinanderziehen der Teilflächen eine Hügellandschaft (Schnitte 1–4 auf der Kopiervorlage). Das Weiß des Hintergrunds tritt in Trennungslinien von unterschiedlicher Breite zutage.
- Die Schüler erhalten den Arbeitsauftrag, aus einer Tonpapierfläche eine Hügellandschaft mit Baumgruppe nur durch Zerschneiden und Auseinanderziehen von Flächen zu gestalten, die sie auf einen weißen Hintergrund aufkleben.
- Dunkles Tonpapier (ca. 12 cm x 19 cm) und weißes Zeichenpapier (DIN A4) werden vom Lehrer bereitgestellt.

Hauptphase

- Die Schüler legen weißes Zeichenpapier (DIN A4) als Hintergrundfläche bereit und wählen ein Stück Tonpapier (ca. 12 cm x 19 cm) als Fläche für den Spaltschnitt.
- Sie legen gleich mit der Schere ohne Vorzeichnung auf dem Tonpapier eine Hügellinie am oberen Bildrand an und kleben dieses erste Teilstück etwa 4 cm vom oberen Blattrand des Hintergrundes entfernt mittig auf (1).
- Sie schneiden eine zweite Hügelkette, die auch unterbrochen sein kann, ab und legen sie unter das aufgeklebte Teil auf die Bildfläche. Ein kleiner Zwischenraum lässt das Weiß des Hintergrundes als Horizontlinie erscheinen (2).
- Diese Aufspaltung des Bildes in Spaltschnitt-Technik wird fortgesetzt, die einzelnen Hügelketten jedoch noch nicht aufgeklebt um dem Experimentieren Raum zu geben.
- Im Vordergrund deuten spitze Dreiecks- und Halbkreisformen Büsche und Bäume an (3).
- Die Schüler erproben verschiedene Abstände und Positionen der Teile, bevor sie sie aufkleben.

- Zum Schluss werden alle Außenränder so durch Schneiden begradigt, dass das Bild wieder eine rechteckige Grundform erhält.
- Es wird mittig auf weißes Zeichenpapier (DIN A4) geklebt, die Schnittkanten werden mit feinzeichnendem, schwarzem Filzstift als Linien bis zum Rand der weißen Fläche fortgeführt. Am oberen Bildrand zeichnen die Schüler einige schmale Wolkenformationen ein (4).

Ergebnissicherung / Präsentation

- Die Schüler hängen ihre Ergebnisse nebeneinander auf, so dass eine Art Wandfries entsteht.

Alternativen

- Die Schüler bearbeiten neben schwarzem auch dunkelrotes, dunkelgrünes oder violettes Tonpapier.
- Das Thema lässt sich auch mit hellem (weißem, gelbem) Tonpapier auf dunklem Hintergrund bearbeiten.

Name: Klasse: Datum:

Spaltschnitt – Arbeitsanleitung

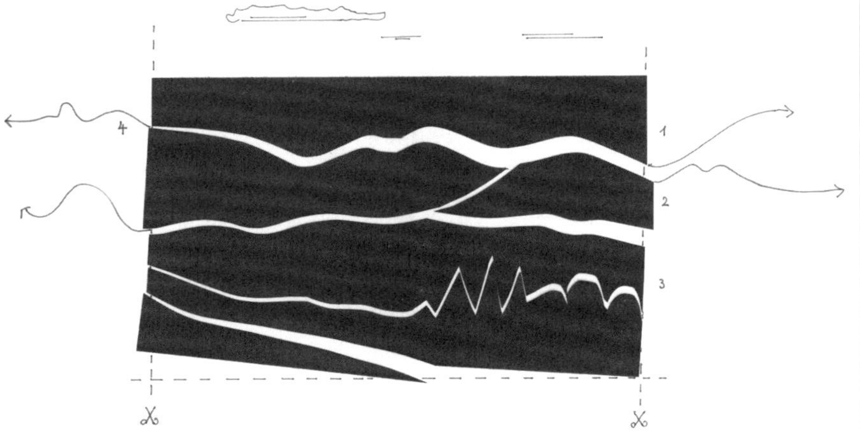

Krawatten: Design-Ideen

Ziel / Leitidee	Figur-Grund-Bezug, Flächenstrukturierung durch Ornamente und Muster, Symmetrie durch geometrische Konstruktion
Klassenstufe	7 / 8
Vorbereitung / Material	weißes Zeichenpapier (DIN A4), Bleistift, Radiergummi. Klebestift (als Schablone), Lineal, Filzstifte
Sozialform	gesamte Klasse, Einzelarbeit
Kompetenzbereich	Zeichnen (mit dem Lineal), Malen/Konturieren mit Filzstiften, Mode / Design

Hinführung

- Der Lehrer bringt Krawatten oder Halstücher als Anschauungsobjekte mit und stellt Fragen:

> *Wann kommen Krawatten zum Einsatz? Aus welchem Material sind sie gemacht? Tragen auch Damen Krawatten?*

- Überleitung:

> *Ihr schlüpft in die Rolle eines berühmten Designers, der ausgefallene Krawatten für Pop-Stars usw. entwirft. Das bedeutet, dass sie auffallen müssen und ihren ganz eigenen (vielleicht auch „geschmacklosen") Stil haben sollen.*

- Der Lehrer teilt die Kopiervorlagen aus und die Schüler legen weißes Zeichenpapier (DIN A4) Bleistift, Radiergummi, Lineal und Filzstifte bereit.

Hauptphase

- Bügel: Der Lehrer erläutert, dass zuerst ein Kleiderbügel konstruiert wird, an dem die Krawatten hängen (siehe Kopiervorlage):
  - › Etwa 4 cm vom oberen Blattrand entfernt zeichnen die Schüler mit Bleistift einen Kreis (Durchmesser 2,5 cm) (1). Daum herum zeichnen sie eine zweite Kreislinie per Hand (2) und legen mit dem Lineal senkrecht zum Blattrand verlaufende Tangenten an (3). Sie gestalten mithilfe dieser Hilfslinien einen Aufhängehaken (4). Aus zwei waagrecht liegenden Rechtecken (5 /6) wird der Bügel, dessen Ecken leicht abgerundet werden.
- Krawatten:
  - › Auf der unteren Bügelverbindung wird mit Bleistift durch drei senkrechte Hilfslinien in unterschiedlicher Länge die jeweilige Mitte der Krawatte angedeutet (6). Dann wird symmetrisch nach beiden Seiten die Krawattenfläche sowie eventuell

am unteren Ende eine Spitze vorgezeichnet (7). Die Krawatten/Halstücher haben verschiedene Breiten und können sich auch überlagern.

- Ausgestaltung:
  - › Mit Bleistift entwerfen die Schüler für jede Krawatte andere Muster und Ornamente (z. B. Blätter, geometrische Formen, Buchstaben, Zahlen, Liniengeflecht usw. Anschließend gestalten sie die Entwürfe mit Filzstiften farbig aus.

Wichtig Auch die Hintergrundfläche der Krawatte wird aufgeteilt (Lineal!) und unterschiedlich gestaltet. Auf jeden Fall sollte das Weiß des Papiers als Farbakzent mit einbezogen werden.

- Zum Schluss ziehen die Schüler alle Außenkonturen mit schwarzem Filzstift nach und entfernen Bleistiftspuren mit dem Radiergummi.

Ergebnissicherung / Präsentation

- Die Schüler präsentieren ihre Lösungen zusammen mit „echten" Halstüchern und Krawatten auf einer Ausstellungswand.

Alternativen

- Als Kreisschablone (Kopiervorlage 1) dient z. B. die Kappe eines Klebestifts.
- Es können auch feste Vorgaben für Muster vereinbart werden: Muster mit dem Lineal gezeichnet, Wellenlinien im Stile der Op-Art, Picasso lässt grüßen, Comicfiguren, …
- Für den Bügel können die Schüler ein „Label" mit ihren Initialen erfinden.

Tipp Wenn die Arbeitszeit begrenzt ist, kann der Kleiderbügel auf der abgebildeten Lösung isoliert kopiert und als Schablone zum Weiterarbeiten verwendet werden.

Lösung

Name: Klasse: Datum:

Krawatten – Zeichenhilfe

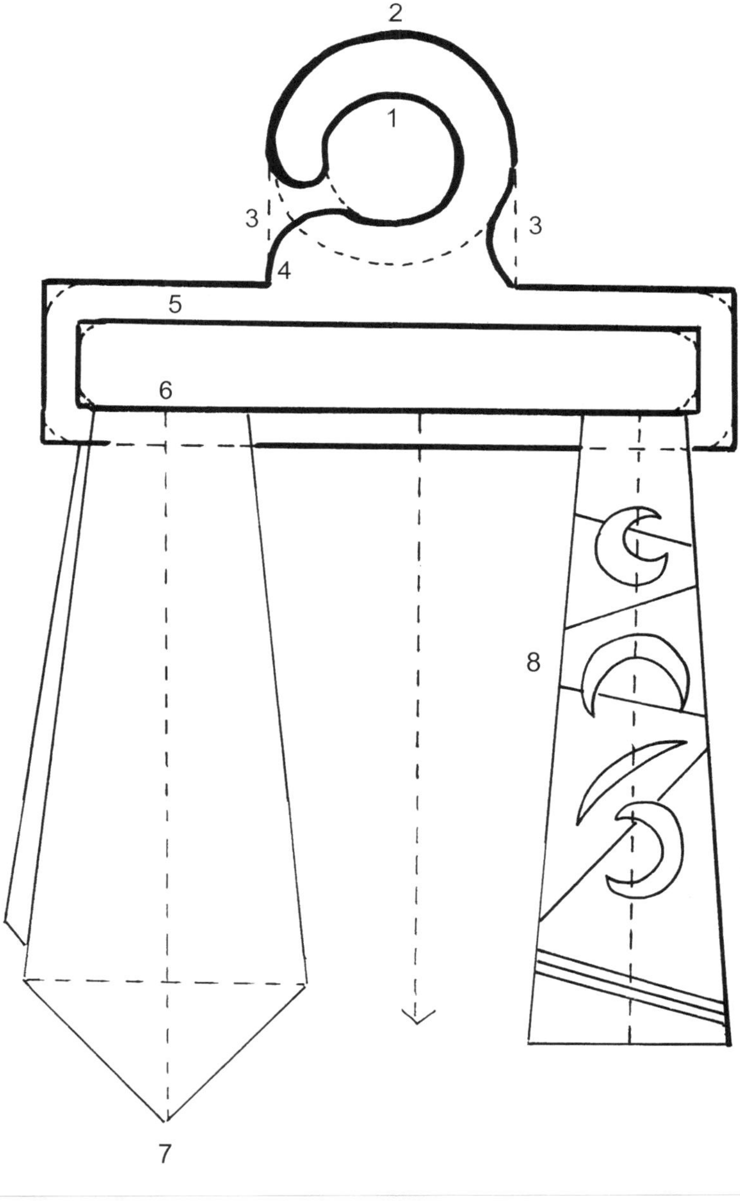

Gerlinde Blahak: 45 Vertretungsstunden Kunst. Illustrationen: Gerlinde Blahak

22 Kringeltypen: Karikaturen

Ziel / Leitidee	Linie als Gestaltungsmittel, Verfremdung und Übertreibung
Klassenstufe	7 / 8
Vorbereitung / Material	weißes Zeichenpapier (DIN A4), schwarze Filzstifte (verschiedene Stärken), Malkasten, Pinsel (Nr. 6), Wassergefäß, Kopiervorlage (Zeichenhilfe) in Klassenstärke
Sozialform	gesamte Klasse, Einzelarbeit
Kompetenzbereich	lineares Zeichnen (Kringel und Wellen), verzerrte Proportionen (Porträtzeichnen)

Hinführung

- Der Lehrer zeichnet, zunächst ohne Kommentar, an der Tafel ein „Kringelgesicht" vor. Dabei kann er auf eine der auf der Kopiervorlage vorgeschlagenen Köpfe zurückgreifen. Er stellt folgende Fragen:

> *Was wurde darggestellt? Was fällt auf? In wiefern unterscheidet sich das Gesicht von einer „normalen" Porträtzeichnung?* (keine Schatten, nur aus Kringellinien gestaltet, verzerrte Proportionen, comicartiger Eindruck usw.).

- Überleitung:

> *Ihr sollt nun drei verschiedene Gesichter nach dem „Kringelverfahren" zeichnen.*

Hauptphase

- Die Schüler erhalten die Kopiervorlage mit den Arbeitsanleitungen.
- Sie bearbeiten ein weißes Blatt Zeichenpapier im Querformat.
- Als Erstes reservieren sie mit Bleistift eine Fläche von 5 cm Höhe am unteren Blattrand: Sie zeichnen frei Hand eine (leicht gewellte) Bleistiftlinie, die eine Begrenzung darstellt, hinter der drei Köpfe hervorlugen (Mann, Frau, Kleinkind, beste Freunde, Besucher eines Rock-Festivals, Lehrer und Schüler usw.)
- Der Lehrer gibt folgende Zeichenhinweise:

> *Skizziert mit Bleistift drei unterschiedlich große Köpfe. Sie sind im Profil oder von vorne zu sehen.*

Wichtig Alle Gesichtszüge und Konturen, auch Haare und Hände, entstehen aus kleinen oder größeren, runden oder lang gezogenen Kringeln (siehe Kopiervorlage Schritte 1–6).

- Dann werden alle Linien mit einem feinzeichnenden schwarzen Filzstift nachgezogen und Bleistiftspuren wegradiert.

- Anschließend färben die Schüler jede Gesichtsfläche mit einer anderen, stark verdünnten Farbe aus dem Malkasten ein. Sie verwenden dazu einen Pinsel Nr. 6 und viel Wasser.

Wichtig Die jeweilige Augenpartie wird ausgespart. Auch Haar-Kringel, Hände und Mauer werden in einer kontrastierenden wässrigen Farbe akzentuiert.

Ergebnissicherung / Präsentation

- Die Lösungen lassen sich als Endlos-Fries nebeneinander aufhängen.
- Verwenden Sie einige Gesichter (als Kopien) als Auftaktmotiv für Arbeitsblätter und Mappen.

Alternativen

- Geben Sie gleich zu Anfang ein bestimmtes Motto vor: Kaffeetanten, Fußballfans, Casting-Show, …

Tipp Da die mit schwarzem Filzstift gezeichneten Linien bei der Bemalung etwas verlaufen, hebt man sie nach dem Trocknen stellenweise nochmals mit einem dickeren schwarzen Filzstift hervor.

Lösung

Name: Klasse: Datum:

Kringeltypen – Zeichenhilfe

Gerlinde Blahak: 45 Vertretungsstunden Kunst. Illustrationen: Gerlinde Blahak

Kugelbäuche: 3D-Papierarbeit

23

Ziel / Leitidee	Verbindung von dreidimensionaler Arbeit und Zeichnung, Karikaturen
Klassenstufe	7 / 8
Vorbereitung / Material	weißes Zeichenpapier (DIN A4, 100 g/m^2), Tonpapier in Gelb, Orange oder Hellblau, (ca. 9 cm x 11 cm), Krepp-Papier (Reste), Seidenpapier (Reste), Bleistift, Radiergummi, bunte und schwarze Filzstifte, Schere, Klebeband (z. B. Tesa), Klebestift, Bürohefter, Kopiervorlage (Arbeitsanleitung) in Klassenstärke
Sozialform	gesamte Klasse, Einzelarbeit
Kompetenzbereich	Falten, Kleben, Zeichnen

Hinführung

- Der Lehrer leitet das Unterrichtsgespräch mit folgenden Fragen ein:

  - *Welche Motive finden sich häufig auf Glückwunschkarten?*
  - *Zu welchen Anlässen verschickt man sie?*

- Es empfiehlt sich auch einige „gängige" Karten zur Anschauung mitzubringen.
- Anschließend kündigt der Lehrer an, dass in der folgenden Stunde außergewöhnliche Glückwunschkarten mit einem 3D-Effekt gestaltet werden.
- Die Schüler erhalten die Kopiervorlage mit der Arbeitshilfe.

Hauptphase

- Die Schüler halbieren ein DIN A4- Blatt (weiß) waagrecht und falten einen der Streifen in der Mitte zusammen: Es entsteht eine Klappkarte.
- Aus Tonpapier in einer hellen Farbe schneiden die Schüler eine Fläche in der Größe 9 cm x 11 cm zurecht.
- Dann zeichnen sie mit Bleistift einen Kreis in die Mitte der Fläche (Durchmesser ca. 5 cm), der den Bauch einer Comicfigur darstellt.
- Sie fügen einen Kopf und sehr kleine Arme und Beine hinzu. Die Hände halten ein Schild, eine Fahne oder einen Blumenstrauß.
- Alle Linien werden nun mit schwarzem Filzstift nachgezogen und die Details, mit Ausnahme des Bauches, farbig ausgestaltet.
- Bauch: Dann wird die Kreisfläche mit der Schere ausgeschnitten, so dass ein Loch in der Motivkarte entsteht. Seidenpapier oder Krepp-Papier (9 cm x 8 cm) werden doppelt genommen und so von hinten durch das Loch gesteckt, dass eine kleine Wölbung entsteht. Um sie zu stabilisieren, wird diese Ausbuchtung mit zerknülltem Papier unterfüttert und auf der Rückseite der Motivkarte mit Klebestreifen fixiert.

Mit einigen Linien werden Kleidungsdetails auf dem Kugelbauch angedeutet: Gürtel, Knopfleiste,
Kragen.
- Zuletzt wird die Motivfläche auf die Faltkarte geklebt.

Ergebnissicherung / Präsentation
- Die Karten können mit Wäscheklammern an Schnüren ausgestellt werden.
- Man kann sie bei Schulfesten/Elternabenden zum Verkauf anbieten.

Alternativen
- Die Motivfläche kann auch mit dem Bürohefter befestigt werden. Dann empfiehlt es sich um die Metallklammern herum mit Filzstiften Muster und Ornamente zu entwerfen um diese zu kaschieren.
- Auch Tierfiguren lassen sich gut als Comic mit Kugelbauch darstellen: Hummeln, Frösche, Vögel, …

Tipp Lassen Sie die Schüler schwungvolle Schriftzüge für die Innenseite der Karte entwerfen: Alles Gute, Gratulation, beste Grüße, Gutschein, ...

Lösung

Name: Klasse: Datum:

Kugelbäuche – Arbeitsanleitung

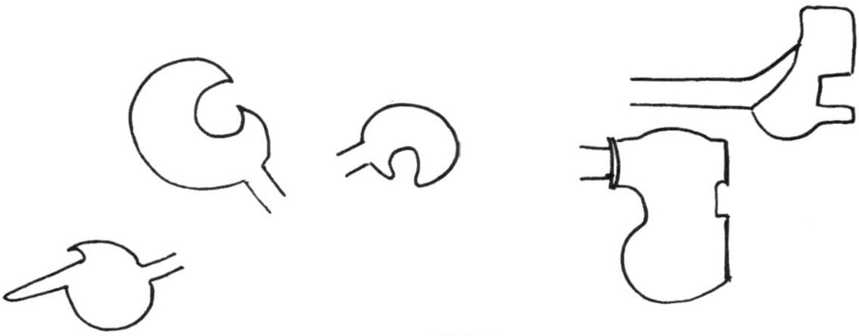

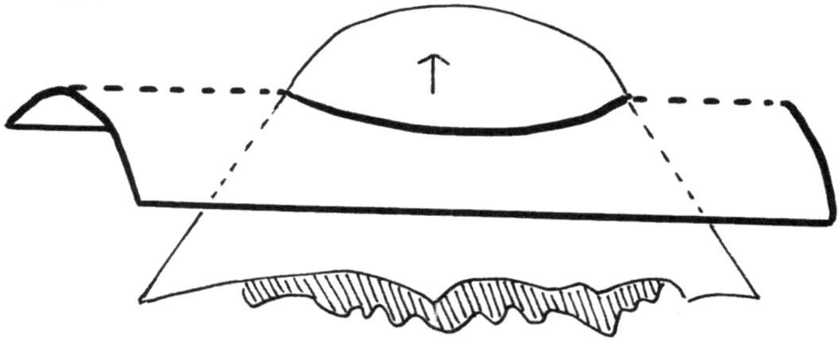

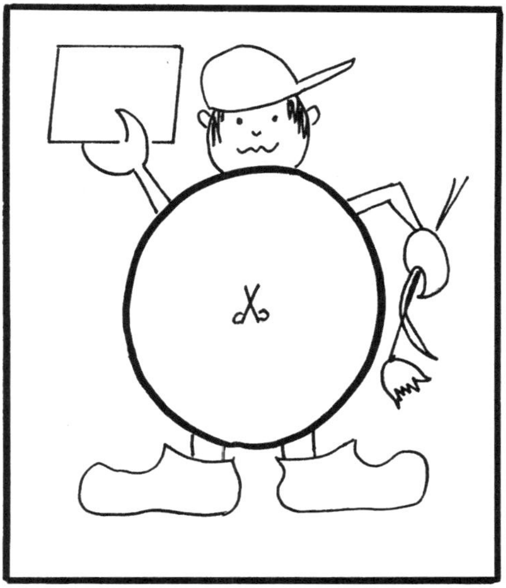

Gerlinde Blahak: 45 Vertretungsstunden Kunst. Illustrationen: Gerlinde Blahak

24 Lese-Ecke: Tonpapiercollage

Ziel / Leitidee	Bildgestaltung durch Schneiden mit monochromen Papieren, Objektanschnitt
Klassenstufe	7 / 8
Vorbereitung / Material	Fotokarton (DIN A4) in einer hellen Farbe (z. B. orange, gelb, hellgrün), weißes Papier (ca. 14 cm x 12 cm), Tonpapierreste in verschiedenen Farben, Bleistift, Lineal, Schere, evtl. Papierschneidegerät, Klebestift, Zeitungsseiten, (Lösungsvorschlag als Folie)
Sozialform	gesamte Klasse, Einzelarbeit
Kompetenzbereich	Schneiden, Kleben

Hinführung

- Der Lehrer gibt folgende Situation vor:

> *Ihr dürft euch zu Hause eine gemütliche Lese-Ecke einrichten. Welche Möbel und Gegenstände werden benötigt?*
> (Mögliche Schülerantworten: Tisch, Bücherborde, Leselampe, Sessel, Buchstützen, …)

- Der Lehrer erklärt, dass ein Klebebild entstehen wird, auf dem alle Gegenstände aus einfachen Formen aus Tonpapier nur mit der Schere gestaltet werden (es ist möglich, hier kurz die Lösung als Folie zu zeigen).
- Die Schüler erhalten die entsprechende Schneideanleitung als Kopie.

Hauptphase

- Die Schüler wählen als Bildhintergrund Fotokarton (Größe DIN A4) in einer hellen Farbe.
- Tisch: Für die Tischplatte bekleben sie eine weiße Papierfläche (ca. 15 cm x 12 cm) waagrecht mit schmalen Tonpapierstreifen (ca. 1 cm breit) in einer beliebigen Farbe, wobei sie immer einen Zwischenraum (ca. 1 cm) lassen, sodass ein Streifenmuster entsteht (1). Anschließend begradigen sie eine Seite mit der Schere und schrägen die andere Seite etwas ab (2). Sie kleben die Platte links- oder rechtsbündig auf den Hintergrund (Abstand von der unteren Bildkante (ca. 7 cm). Für den Tischunterbau wählen sie Tonpapier in einer anderen Farbe und gestalten Plattendicke und ein Tischbein (3).
- Bücherbord: Zwei schmale, parallel aufgeklebte Papierstreifen deuten im oberen Bereich des Bildes Regalböden an, auf denen kleine, bunte Rechtecke als Buchrücken neben- und übereinander angeordnet werden.

- Lampe: Aus einer trapezförmigen Fläche und einem schmalen längeren Streifen entsteht eine Stehlampe. Sie überdeckt teilweise Bücherbord und Tisch.
- Bücher: Aus zusammengefaltetem Papier werden aufgeschlagene Bücher erstellt (4) und so auf die Tischplatte geklebt, dass ihre „Seiten" lose abstehen. Aus Zeitungen schneiden die Schüler einen Begriff ihrer Wahl („aktuell", „Sport", „rätselhaft", ...) aus und kleben ihn auf die Buchfläche.

Ergebnissicherung / Präsentation

- Verwenden Sie die Ergebnisse mit entsprechenden Informationen als kleine Hinweis-Plakate in der Schulbibliothek.
- Die Lösungen können auch als originelle Karte einem Buchgeschenk beigelegt werden.

Alternativen

- Auf der Tischplatte können noch weitere Details wie Brille, Teekanne, Tasse usw. angebracht werden.
- Die Schüler runden die Flächen der „Buchrücken" an den Schmalseiten etwas ab.

Tipp Nutzen Sie das gestalterische Potential der Lösungen im Rahmen des Deutschunterrichts als vorbereitenden Hinweis auf eine Lesenacht oder einen Lesewettbewerb in der Schule.

Lösung

Name: Klasse: Datum:

Lese-Ecke – Schneideanleitung

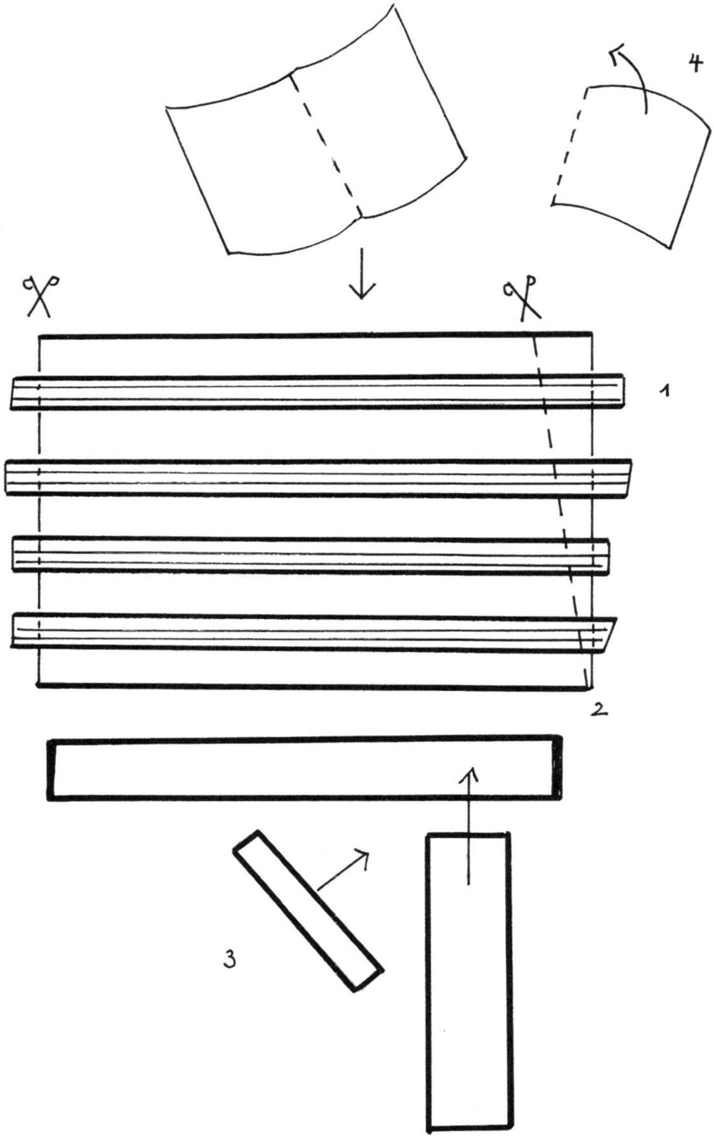

Linienhand: Op-Art-Effekt

25

Ziel / Leitidee	Zwei Zeichenebenen übereinanderlegen, Volumen durch Linien, visuelle Reize der Op-Art
Klassenstufe	7 / 8
Vorbereitung / Material	weißes Papier (DIN A4), Bleistift, Radiergummi, feinzeichnende Filzstifte, Buntstifte, Lösung als Folie
Sozialform	gesamte Klasse, Einzelarbeit
Kompetenzbereich	Zeichnen, Entwerfen (Schmuck), Arbeit mit Filzstiften

Hinführung

- Der Lehrer zeigt den Schülern einleitend die abgebildete Lösung als Folie und stellt ihnen Fragen zur angewandten Technik:

  - *Wodurch entsteht eine dreidimensionale Wirkung?*
  - *Wie verlaufen die Linien zueinander?*
  - *Welche Werkzeuge wurden verwendet?*

- Die Schüler legen weißes Zeichenpapier (DIN A4) sowie einen Bleistift bereit.

Hauptphase

- Jeder Schüler legt seine linke oder rechte Hand mit gespreizten Fingern in die Mitte der Blattfläche und fährt mit Bleistift die Umrisse der Hand und einen Teil des Armes nach. Dabei muss der Stift möglichst senkrecht gehalten werden.
- Anschließend werden Fingernägel ergänzt.
- Die Schüler entwerfen für mehrere Finger unterschiedliche Ringe.
- Nachdem die Konturen der Hand mit feinzeichnendem, schwarzem Filzstift nachgezogen wurden, werden die Ringe mit farbigen Filzstiften ausgestaltet.
- Um den dreidimensionalen Effekt zu erzielen, legen die Schüler nun mit verschieden farbigen Filzstiften dünne Linien über Handrücken und Fingerpartie. Die Linien verlaufen in unterschiedlichen Abständen nebeneinander her und wölben sich im Bereich der Hand/der Finger, um in den Zwischenräumen wieder flach zu verlaufen. Sie sollten sich nicht berühren oder überschneiden. Jede Linie muss gleich von einem Blattrand bis zum anderen vollständig durchgezogen werden. Zwischen den einzelnen Liniensträngen können auch freie Felder eingeplant werden. Das Linienmuster wird auch außerhalb des Handmotivs bis an die jeweiligen Blattränder weitergeführt.

Ergebnissicherung / Präsentation

- Die Schüler verwenden die Lösung als Deckblatt für eine Mappe.

Alternativen

- Es empfiehlt sich die Fingerpartie mit den Ringen unbearbeitet zu lassen, damit diese gut zur Geltung kommen.
- Nägel sollten nur mit leichtem Druck mit Buntstiften koloriert werden.
- Statt des Schmuckes kann auch ein Tattoo für den Handrücken entworfen werden.

Lösung

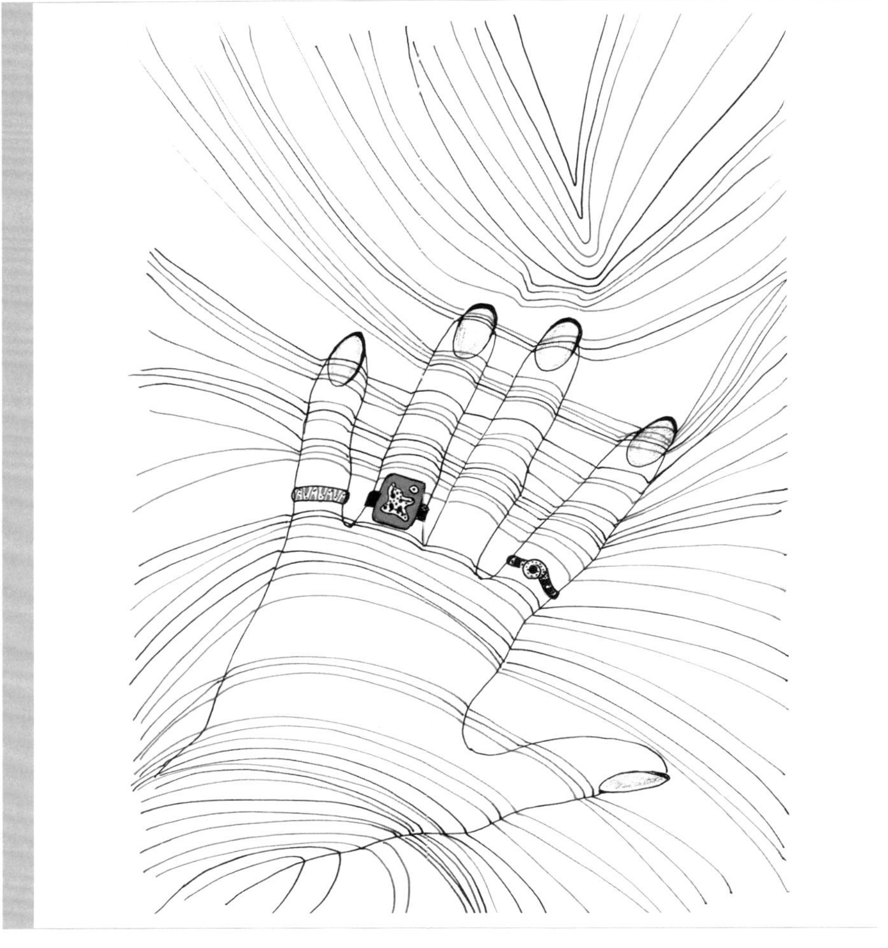

Polstersessel: Grafische Muster

26

Ziel / Leitidee	Strukturieren von Binnenflächen durch Ornamente und Muster, Einsatz von Linie und Punkt, Bereich Design: Stoffmuster entwerfen
Klassenstufe	7 / 8
Vorbereitung / Material	Kopiervorlage (Zeichenhilfe) in Klassenstärke, weißes Zeichenpapier (DIN A4), Bleistift, Radiergummi, Schere, Lineal, schwarze Filzstifte (verschiedene Stärken)
Sozialform	gesamte Klasse, Einzelarbeit
Kompetenzbereich	Entwerfen, zeichnerisches Ausgestalten

Hinführung

- Der Lehrer schildert der Klasse folgende Situation:

> - *Ihr geht in ein Möbelhaus und wollt einen Sessel kaufen. Er ist als Geburtstagsgeschenk gedacht. Was wird der Verkäufer von euch wissen wollen?* (Schülerantworten: Größe? Zweck? Andere Einrichtungsgegenstände im Zimmer? Holz-, Metallgestell? Stoff-/Lederbezug? Farbe? Muster?)
> - *Ihr entscheidet euch für einen bequemen Polstersessel mit einem gemusterten Bezug und habt gleich eine Skizze mitgebracht. Fertigt einen Entwurf dafür an und verwendet die Schablonenteile und Zeichenhinweise der Kopiervorlage.*

Hauptphase

- Der Lehrer teilt die vorbereiteten Kopiervorlagen aus.
- Die Schüler schneiden die Schablonenteile für Sesselrücken und Armlehnen aus und legen sie auf ein Blatt Zeichenpapier (DIN A4). Sie ordnen die Einzelteile überlappend an und fahren die Umrisse mit Bleistift nach.
- Anschließend ergänzen sie Sitzfläche und Stuhlbeine und radieren überflüssige Linien weg.
- Da der Sessel mit verschiedenen Stoffmustern bezogen werden soll, teilen sie die Flächen entsprechend auf (Streifen, Patchwork).
- Alle Entwurfslinien werden mit feinzeichnendem, schwarzem Filzstift nachgezogen, einige Außenkanten mit dickerem Filzstift betont.
- Die Schüler zeichnen die Muster unmittelbar in die dafür vorgesehenen Flächen (Streifen, Flecken, Blumenmuster, Kreise, gezackte Linien, Spiralen, …). Einige Partien können auch unbearbeitet bleiben.
- Um Volumen darzustellen sollten Linien den Rundungen der Polsterung folgen.

Ergebnissicherung/Präsentation

- Die Schüler entwerfen ein Designer-Label aus den Anfangsbuchstaben ihres Namens und setzen es an den untere Rand, bevor ihre Ideen präsentiert werden.

Alternativen

- Auf der Sitzfläche können Kissen platziert werden, die sich durch ihre Musterung deutlich vom Stoffdesign abheben.
- Im Hintergrund wird ein Vorhang angedeutet (siehe Kopiervorlage).
- Unter dem Sessel können die Schüler einen Teppich entwerfen (Lineal für die Ränder benutzen!).

Tipp Lassen Sie während der Arbeit ein Blatt herumgehen, auf dem jeder Schüler seine Musterideen notiert. Dieses Blatt wandert in einen Klassen-Fundus für künftige Arbeiten.

Lösung

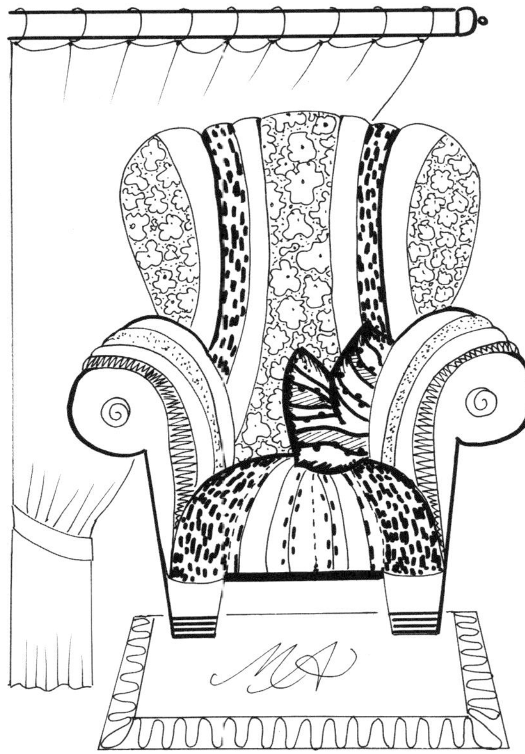

Name: Klasse: Datum:

Polstersessel – Zeichenhilfe

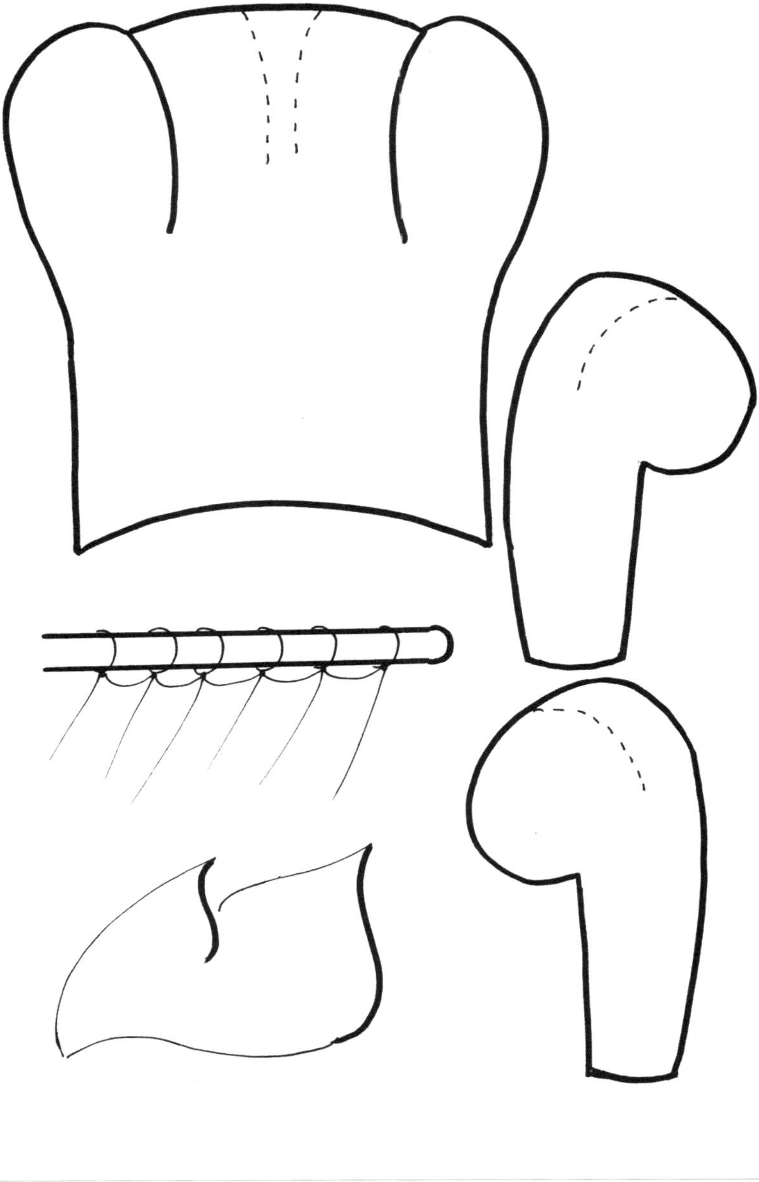

Gerlinde Blahak: 45 Vertretungsstunden Kunst. Illustrationen: Gerlinde Blahak

27 Schlittschuhläufer: Weiße Silhouetten

Ziel / Leitidee	Figur-Grund-Bezug, Figuren in Bewegung, Falten und Schneiden von Papierobjekten, Collage
Klassenstufe	7 / 8
Vorbereitung / Material	schwarzes Tonpapier (DIN A3), weißes Zeichenpapier (DIN A4), weißes Kopierpapier (DIN A4), Bleistift, Radiergummi, Schere, Klebestift, Joghurtbecher o. Ä. als Kreisschablone, Kopiervorlagen (Figuren/Schneeflocken) in Klassenstärke
Sozialform	gesamte Klasse, Einzelarbeit
Kompetenzbereich	Zeichnen, Schneiden, feinmotorische Fertigkeiten, Kleben

Hinführung

- Das Thema biete sich zur Bearbeitung in der Winterzeit an, idealerweise wenn der erste Schnee fällt und die Schneeflocken besondere Aufmerksamkeit erregen.
- Der Lehrer teilt die Kopiervorlagen zur Herstellung der Schneeflocken aus und bittet die Schüler 3–4 Flocken entsprechend den vorgeschlagenen Arbeitsschritten anzufertigen. Auf den zweiten Schwerpunkt des Themas (Schlittschuhläufer) wird zunächst noch nicht eingegangen.

Hauptphase

- Schneeflocken:
  - › Die Schüler zeichnen mit Bleistift auf dünnem, weißem Papier (z. B. Kopierpapier) den Rand /Boden eines Joghurtbechers nach (Durchmesser der Kreisfläche 6–7 cm) (1).
  - › Sie schneiden die Fläche aus und falten sie 3 Mal immer wieder mittig zusammen, bis ein Achtel des Kreises übrig bleibt (2).
  - › Dann zeichnen sie ein wenig von den Faltkanten entfernt mit Bleistift Wellenlinien vor (3) und schneiden entlang dieser Linien ein Stück aus der Fläche heraus (4). Dabei geht der Schnitt durch alle Papierebenen hindurch.
  - › Nach dem vorsichtigen Auffalten ergibt sich eine symmetrisch gestaltete Schneeflocke (5).
  - › Die Schüler fertigen 3–4 Flocken an und bewahren die ausgeschnittenen Teilformen noch zur weiteren Verwendung auf.
- Schlittschuhläufer:
  - › Die Schüler werden in die zweite Phase des Themas eingeführt, indem der Lehrer eine weitere Kopiervorlage (Figuren in Bewegung) sowie schwarzes Tonpapier (DIN A3) als Hintergrund austeilt und die Schüler auffordert auf weißem Zeichenpapier 3–4 Schlittschuhläufer „in Aktion“ zu gestalten: Ausgehend von

Strichmännchen entwerfen sie mit Bleistift Figuren mit abgespreizten Armen und Beinen (siehe Kopiervorlage).
  › Sie schneiden sie aus und arrangieren sie experimentierend auf dem schwarzen Hintergrund, bevor sie sie aufkleben.
  › Die Schlittschuhe werden gesondert angefertigt und aufgeklebt.
- Schneefläche:
  › In einer der unteren Bildecken werden die vorher angefertigten Schneeflocken etwas versetzt nebeneinander angeordnet und aufgeklebt.
- Aus den angefallenen Ausschnitten sowie aus schmalen Streifen weißen Papiers gestalten die Schüler durch Aufkleben eine strukturierte Schneefläche und den Rand der Eislaufbahn.

Ergebnissicherung/Präsentation

- Schüler, die ihre Arbeit besonders schnell beendet haben, fertigen weitere Schneekristalle in verschiedenen Größen an, mit denen die Zwischenräume zwischen den präsentierten Arbeiten dekoriert werden.

Alternativen

- Die Schüler können auch Schlittschuhläufer gestalten, die von Blattrand abgeschnitten werden (siehe Lösung).
- Wenn man die Figuren nach dem Ausschneiden umdreht und aufklebt, verschwinden alle unerwünschten Bleistiftspuren.

Tipp Die Schneeflocken lassen sich, in größerem Format (Durchmesser ca. 18 cm) angefertigt, zur Dekoration von Fenstern, Mappen, Karten und als Girlande einsetzen.

Lösung

Name: Klasse: Datum:

Schlittschuhläufer: Weiße Silhouetten – Schneeflocke

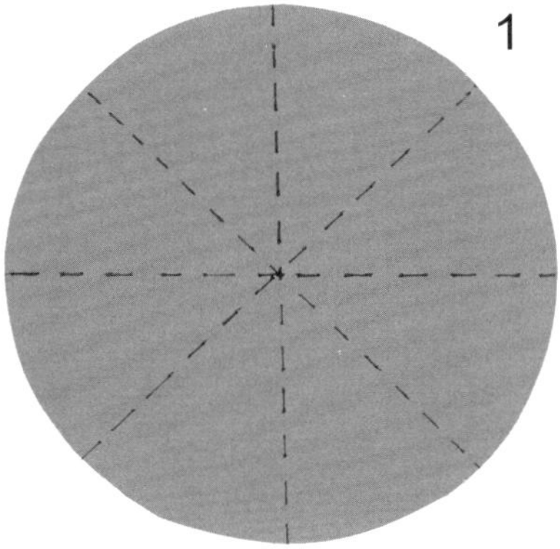

1

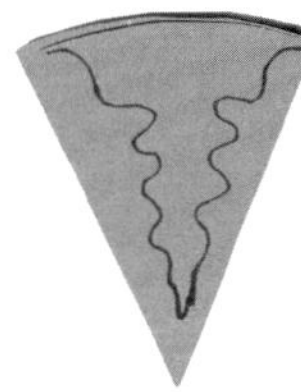

2/3

5

4

Gerlinde Blahak · 45 Vertretungsstunden Kunst. Illustrationen: Gerlinde Blahak

Name: Klasse: Datum:

Schlittschuhläufer – Figuren in Bewegung

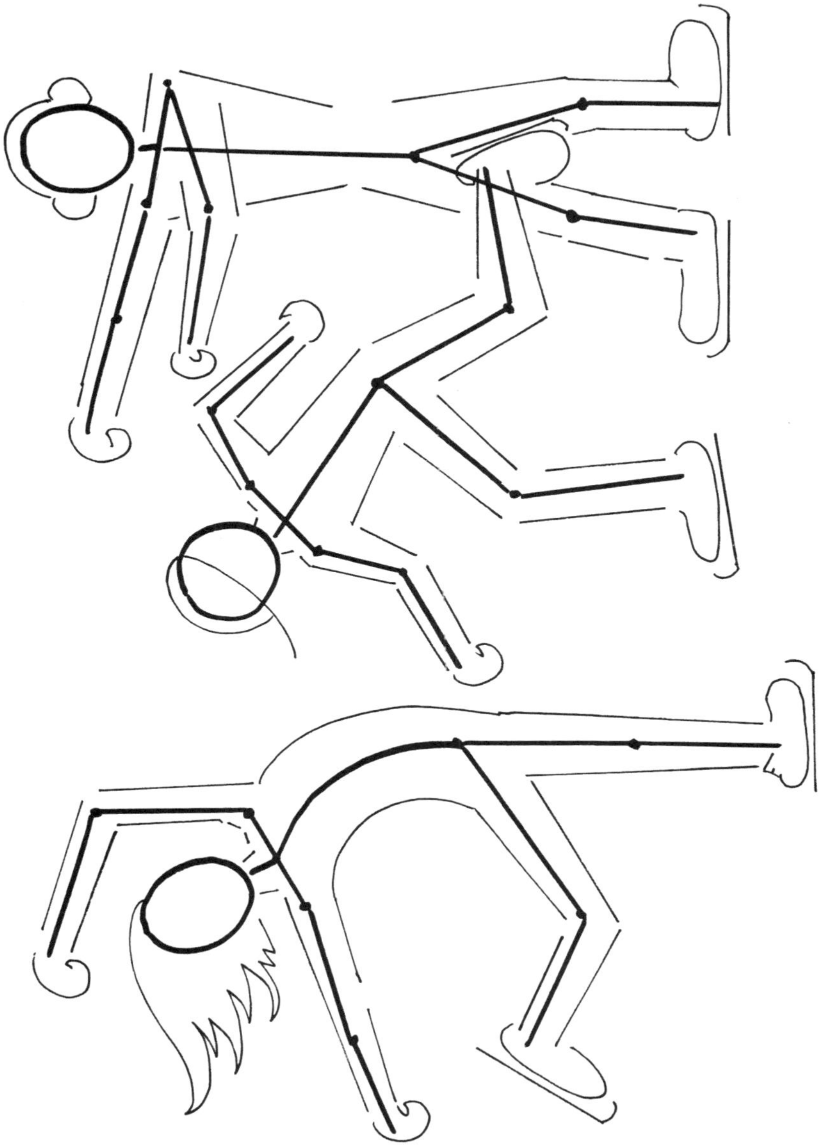

Gerlinde Blahak · 45 Vertretungsstunden Kunst. Illustrationen: Gerlinde Blahak

28 Shopping: Collage aus verschiedenen Papieren

Ziel / Leitidee	farbige Flächen kombinieren und strukturieren
Klassenstufe	7 / 8
Vorbereitung / Material	Kopiervorlage in Klassenstärke, weißes Zeichenpapier (DIN A4), Reste von farbigem Papier (Geschenkpapier, Malversuche, Tonpapier), Schere, Klebestift, Lineal, Filzstifte
Sozialform	gesamte Klasse, Einzelarbeit
Kompetenzbereich	Schneiden als „Malen mit der Schere“

Hinführung

- Bringen Sie eine Kiste mit farbigen Papierresten mit und bitten Sie die Schüler, auch eigene Malversuche etc. dazuzulegen. Überlegen Sie gemeinsam mit der Klasse, welches Papier sich, bei geeigneter Größe, gut zum Verpacken von Geschenken eignen würde.
- Führen Sie den Begriff „Shopping“ im Zusammenhang mit Geschenken und eventuell Weihnachten ein und fragen Sie die Schüler, was sie damit verbinden.
- Überleitung:

> *Heute gestalten wir eine Person, die beim Transport hinter einem Turm aus übereinander gestapelten Geschenken fast verschwindet.*

Hauptphase

- Geben Sie folgende Arbeitsschritte vor:
  - › Schneidet aus bunten Papieren flache Rechtecke zurecht, die in ihrer Form Paketen ähneln.
  - › Lasst an der unteren Kante eueres Bildträgers (Zeichenpapier weiß, DIN A4) 7 cm frei und klebt die erste Paketfläche auf. „Stapelt“ etwas versetzt weitere Flächen neben- und übereinander bis kurz vor dem oberen Bildrand.
  - › Verziert die Pakete mit Streifen („Schmuckbändern“) aus andersfarbigem Papier (siehe Anleitung auf der Kopiervorlage). Zeichnet auch mit Filzstiften und Lineal Verschnürungen auf oder entwerft Schleifen.
- Schneidet Handformen und Beine, die ihr auf der Kopiervorlage findet, aus.
- Schiebt die Hände so seitlich unter den Paketturm, dass sie das Gebilde zu stützen scheinen, und klebt sie fest.
- Steckt die Beine unter die unterste Paketkante und lasst sie über den Rand des Hintergrundes hinausragen.

Ergebnissicherung/Präsentation

- Die Schüler verwenden das Motiv als Deckblatt für einen Wunschzettel.

Alternativen

- Die Arbeit lässt sich auch auf einem größeren Format (DIN A3) lösen. Dazu muss die Kopiervorlage entsprechend vergrößert werden.
- Die Schüler versehen das Bild mit Comic-Sprechblasen, die lautmalend (Uff …!!) den dargestellten Vorgang verdeutlichen.

Tipp Weisen Sie darauf hin, dass die Stellen, an denen Hände und Beine angebracht werden, nur lose angeklebt werden um ein Darunterschieben zu erleichtern.

Lösung

Name: Klasse: Datum:

Shopping – Collage aus verschiedenen Papieren

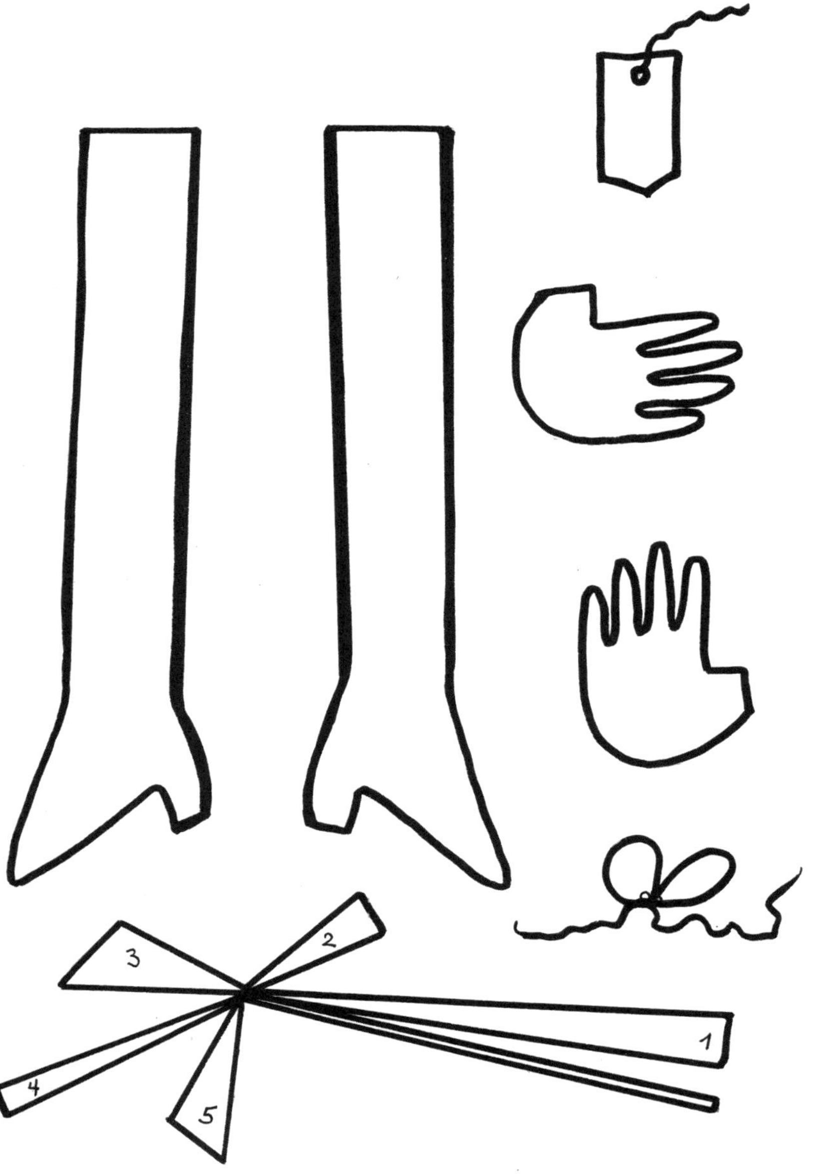

Totempfahl: Grafische Arbeit mit geometrischen Formen

Ziel / Leitidee	Gestalten mit Punkt, Linie und Fläche, kunstgeschichtlicher Aspekt (außereuropäische Kulturen)
Klassenstufe	7 / 8
Vorbereitung / Material	Kopiervorlage (Klassenstärke), weißes Zeichenpapier (DIN A4), schwarze Filzstifte in verschiedenen Stärken, Bleistift, Radiergummi, Lineal, Klebestift
Sozialform	gesamte Klasse, Einzelarbeit
Kompetenzbereich	Weiterzeichnen

Hinführung

- Variante 1:

  Der Lehrer zeigt Abbildungen von indianischen Totempfählen (Folie).

- Variante 2:

  Der Lehrer teilt die Kopiervorlage aus und fordert die Schüler durch gezielte Fragen auf, sich über das Thema der Stunde Gedanken zu machen: *Worum könnte es bei den kopierten Details gehen? Was stellen sie dar? Welche Symbole könnt ihr erkennen? Welche Formen tauchen immer wieder auf? Welchem Kulturkreis würdet ihr die Motive zuordnen?*

- Anschließend erläutert der Lehrer den Begriff „Totempfahl" und kündigt an, dass die Schüler Totempfähle nach eigenen Ideen entwerfen werden.

Hauptphase

- Ein Zeichenblatt (DIN A4) wird senkrecht bearbeitet: In der Mitte der Fläche grenzen die Schüler mit Bleistift und Lineal einen 10 cm breiten Streifen ab, der vom unteren bis zum oberen Blattrand verläuft (Grundgerüst für die Entwürfe).
- Die Schüler betrachten die Details auf der Kopiervorlage und entscheiden, welche Motive (1–3) sich besonders gut als Anregung zum Weiterzeichnen eignen.
- Sie schneiden die Motive aus und kleben sie an passende Stellen auf den Totempfahl.
- Dann beginnen sie, zunächst mit Bleistift, Einzelheiten aus ihrer eigenen Fantasie dazuzuzeichnen: Sie vergrößern die Flächen, wiederholen Formen und Symbole, entwerfen ähnliche Formen, …

Tipp Der geometrische Stil, in dem die Motive angelegt sind, muss durchgehalten werden. Weisen Sie darauf hin, dass auch Details über die seitlichen Begrenzungslinien des Pfahls hinausragen dürfen.

- Zum Schluss ziehen die Schüler alle Entwurfslinien mit schwarzen Filzstiften in verschiedenen Stärken nach, füllen Binnenformen mit Punkten, Linien, schaffen zusätzliche Binnenflächen oder füllen Flächen schwarz aus.

Ergebnissicherung/Präsentation

Die Schüler präsentieren ihre Ergebnisse untereinander gestaffelt, so dass sich mehrere lange Totempfähle ergeben. Dazu sollte zur Befestigung ein stabiler Kartonstreifen und Stecknadeln verwendet werden.

Alternativen

- Die Schüler können den Totempfahl ohne Collageteile ganz nach eigenen Vorstellungen gestalten.

Wichtig Die Schüler sollten sich am „Stil" der gezeigten Details orientieren.

Lösung

Name: Klasse: Datum:

Totempfahl – Details

Gerlinde Blahak · 45 Vertretungsstunden Kunst. Illustrationen: Gerlinde Blahak

30 Unterschrift: Schriftbild

Ziel / Leitidee	Schrift und Design, Verbindung von Grafik und Farbe
Klassenstufe	7 / 8
Vorbereitung / Material	weißes Zeichenpapier (DIN A4), Skizzenpapier, Bleistift, Radiergummi, Kartonrest (ca. 17 cm x 15 cm), Schere, Lineal, Ölkreiden, Wachsmalkreiden, Filzstifte, Lösungsvorschlag als Folie, Tageslichtprojektor
Sozialform	gesamte Klasse, Einzelarbeit
Kompetenzbereich	Weiterzeichnen

Hinführung

- Der Lehrer schreibt das Wort „Autogramm" an die Tafel. Dabei versucht er in Schreibschrift einen möglichst schwungvollen Schriftzug zu kreieren. Die Schüler erzählen im Unterrichtsgespräch, was sie mit diesem Thema verbinden: Sammeln von Autogrammen berühmter Personen, Autogrammstunde, Autogramme auf Fußbällen, in Büchern, auf Fotokarten, …
- Die Schüler versuchen auf Skizzenpapier nun auch den eigenen Namen in ein möglichst schwungvolles Autogramm zu verwandeln. Sie schreiben mit verschiedenen Filzstiften, ohne abzusetzen.

Hauptphase

- Der Lehrer zeigt den Lösungsvorschlag als Folie auf dem Tageslichtprojektor, um die folgende Aufgabe zu verdeutlichen:
- In der unteren Hälfte eines weißen DIN-A4-Blattes entwerfen die Schüler ein beliebiges Schreibwerkzeug: Füller, Kugelschreiber, Filzstift, Tintenroller, … Die Schüler arbeiten mit Bleistift und Lineal und ziehen zum Schluss alle Linien mit Filzstiften nach.
- Auf einem Kartonrest (ca. 17 cm x 15 cm), den sie zusammenklappen, zeichnen sie Schmetterlingsflügel entlang der Knickkante zur Hälfte vor. Ausgeschnitten und aufgeklappt ermöglicht die Schablone, Schmetterlingsflügel symmetrisch zu beiden Seiten des Schreibwerkzeugs aufzuzeichnen.
- Anschließend gestalten die Schüler die Flächen der Flügel mit Ölkreiden, Wachsmalkreide, Filzstiften usw. farbig aus.
- In die obere Hälfte des Blattes wird zuletzt schwungvoll mit schwarzem Filzstift eine der vorher geübten Unterschriften gesetzt. Es darf nicht vorgezeichnet werden!

Ergebnissicherung/Präsentation

- Ein Wandfries, bestehend aus den aneinander gereihten Lösungen, stellt die gesamte Klasse in anderer, origineller Weise dar.

Alternativen

- Die Arbeit lässt sich auch im Format DIN A3 lösen.
- Anstatt der Schmetterlingsflügel sind auch Vogelschwingen als Motiv denkbar.

Tipp Wenn andere Unterschriften oder Namen (Eltern, Geschwister, Freunde, ...) gewählt werden, eignet sich das Bild als individuelle Gruß- oder Glückwunschkarte

Lösung

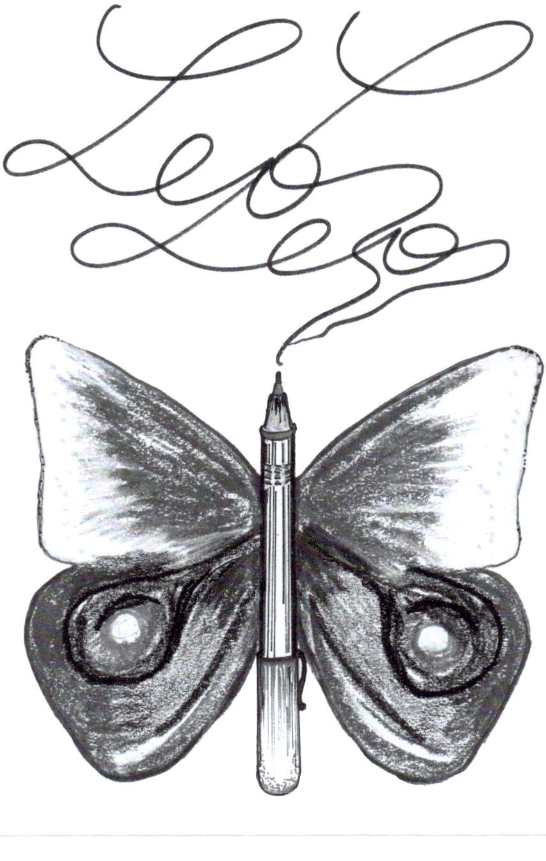

31 Aus meinem Kopf: Schrift und Collage

Ziel / Leitidee	Zergliederung von Flächen, Verdichtung und Streuung, Schriftbild, Collage
Klassenstufe	9/10
Vorbereitung / Material	weißes Zeichenpapier (DIN A4), Tonpapier (DIN A4) in zwei kontrastierenden Farben, Bleistift, Radiergummi, schwarzer Filzstift, Schere, Klebestift, Kopiervorlage (Zeichenanleitung) in Klassenstärke, Lösungsvorschlag als Folie, Tageslichtprojektor
Sozialform	gesamte Klasse, Einzelarbeit
Kompetenzbereich	Zeichnen, Schneiden, Kleben, Schrift

Hinführung

- Der Lehrer beginnt die Unterrichtseinheit mit dem Reizwort „Gedankensplitter". Um den Input zu verstärken, zeigt er den Lösungsvorschlag als Folie auf dem Tageslichtprojektor.
- Die Schüler äußern spontane Einfälle zu dem Thema, wobei, um die Schüler zu motivieren, insbesondere Ausdrücke aus der Jugendsprache zum Zuge kommen sollten.
- Der Lehrer bittet die Schüler sich aus einem Fundus zwei Blatt Tonpapier in unterschiedlichen Farben zur Bildgestaltung auszusuchen und teilt zur Orientierung die Kopiervorlage (Zeichenanleitung) aus.

Hauptphase

- Als Erstes bestreichen die Schüler eines der Tonpapierblätter mit Klebestift und kleben das andere passgenau darauf.
- Dann entwerfen sie in einer der unteren Ecken mit Bleistift die Teilansicht eines Gesichts. Der Blattrand schneidet die linke/rechte Partie sowie das Kinn ab. Der Haaransatz wird durch eine gezackte Linie gekennzeichnet, die Haarsträhnen andeuten sollen.
- Die Linien der Vorzeichnung werden mit schwarzem Filzstift nachgefahren.
- Anschließend schneiden die Schüler das Gesicht entlang des Haaransatzes und der Außenkonturen aus (siehe Kopiervorlage) und kleben es in die untere Ecke eines weißen Zeichenblattes (DIN A4).
- Die Restfläche des Tonpapiers wird nun in kleinere Drei- und Vierecke zerteilt, die in unterschiedlichen Abständen zueinander auf der Hintergrundfläche aufgeklebt werden. Dabei werden sie im Bereich die Haaransatzlinie stark verdichtet. Im oberen Bereich findet eine stärkere Streuung statt.
- Zum Schluss schreiben die Schüler in die Splitterflächen in Schreibschrift ihre „Gedanken". Dazu verwenden sie einen fein zeichnenden schwarzen Filzstift.

Wichtig Die Drei- und Vierecke müssen so aufgeklebt werden, dass abwechselnd die andersfarbige Rückseite des Tonpapiers zu sehen ist.

Ergebnissicherung/Präsentation

- Die Lösungen werden nach der Reihenfolge der Namen auf der Klassenliste aufgehängt und stellen so eine Art Klassenporträt dar.

Alternativen

- Wenn dunkles Tonpapier verwendet wird, werden die Begriffe mit weißem Buntstift geschrieben.
- Das Gesicht kann auch als Selbstporträt angelegt werden.

Tipp Die Porträts lassen sich auch in Verbindung mit dem Bereich Comic gestalten. Dabei sollte eine Unterrichtseinheit über charakteristische Elemente des Comic vorausgehen.

Lösung

Name: Klasse: Datum:

Aus meinem Kopf – Zeichenanleitung

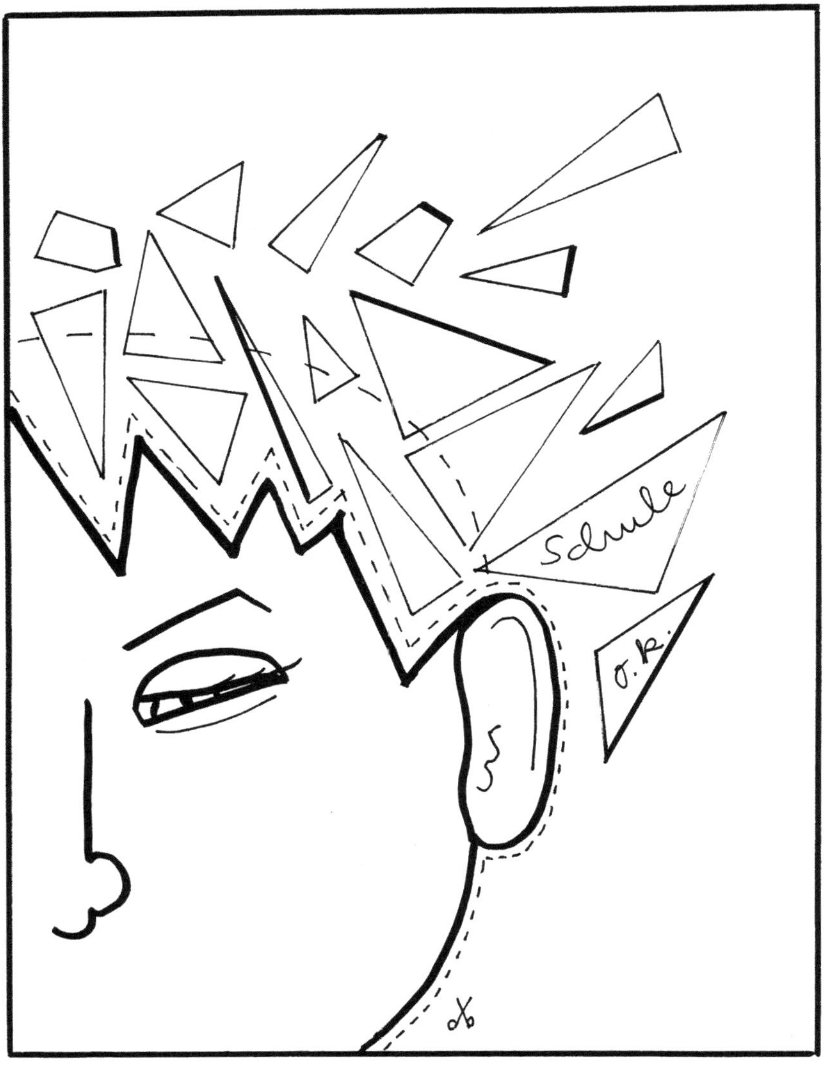

Ballkleid: Papier weben

Ziel / Leitidee	Flächengestaltung durch Zerschneiden und Weben, Collage zeichnerisch weiterentwickeln, Bereich Mode/Design
Klassenstufe	9/10
Vorbereitung / Material	Tonpapier in zwei kontrastierenden Farben (DIN A4), weitere Tonpapierreste, weißes Zeichenpapier (DIN A4), Kopiervorlage (Arbeitsanleitung), Bleistift, Radiergummi, Schere, Klebestift, schwarzer Filzstift (feinzeichnend)
Sozialform	gesamte Klasse, Einzelarbeit
Kompetenzbereich	Schneiden, Zeichnen

Hinführung

- Der Lehrer beginnt das Unterrichtsgespräch mit dem Reizwort „Ballrobe“:

> *Was unterscheidet ein Ballkleid von der normalen Kleidung? Zu welchen Anlässen werden Ballkleider getragen?*

- Die Schüler zählen auf, was zu einer großen Ballrobe gehört:

> *Langer Rock, Schleppe, Schärpe, Schmuck, …*
> *Hochzeiten, Abschlussfeiern, Oskarverleihung, …*

- Überleitung: Die Schüler sollen sich im Stundenverlauf als Designer betätigen und neue gestalterische Mittel erproben (Papierweben, Kombination von Kleben und Zeichnen).

Hauptphase

- Der Lehrer fordert die Schüler auf, Tonpapier in zwei unterschiedlichen Farben (DIN A4) auszuwählen, aus denen das Kleid gefertigt werden soll.
- Sie legen die Tonpapierflächen aufeinander, zeichnen den Umriss eines Rockes vor (Kopiervorlage) und schneiden ihn durch beide Papierflächen hindurch aus (1).
- Sie wählen eine der Rockflächen als Webfläche A und grenzen mit Bleistift am Bund einen schmalen Streifen ab.
- Dann machen sie vom Saum her bis zu dieser Linie 2–3 cm Einschnitte im Abstand von 2–3 cm. Achtung: Die Fläche muss oben noch zusammenhängen.
- Papierteil B wird nun quer in wellenförmigen Linien zerschnitten.

Wichtig Jeder Streifen wird sofort in Teil A eingewebt, die losen Enden festgeklebt (2).

- Zum Schluss werden noch Unregelmäßigkeiten an den Außenkanten mit der Schere ausgeglichen.

- Aus weiteren Tonpapierresten schneiden die Schüler eine Schärpe, einen Gürtel und ein Oberteil (3/4).
- Sie kleben alle Teile so in die untere Hälfte eines weißen Blattes, dass sie über den Blattrand hinausragen.
- Zuletzt ergänzen sie mit Bleistift, dann mit schwarzem Filzstift in der oberen Hälfte einen Kopf und Arme mittels einer einfachen Linienzeichnung (5).

Ergebnissicherung/Präsentation

- Die Lösungen werden auf ein weißes Zeichenblatt (DIN A3) oder Tonpapier (DIN A3) geklebt und aufgehängt.

Alternativen

- Die Schüler versehen nur einen Teil des Rockes mit Webstreifen.
- Sie verzieren das Oberteil mit Filzstiften, z. B. Spitzenmustern, Stickereien.

Lösung

Name: Klasse: Datum:

Ballkleid: Papier weben

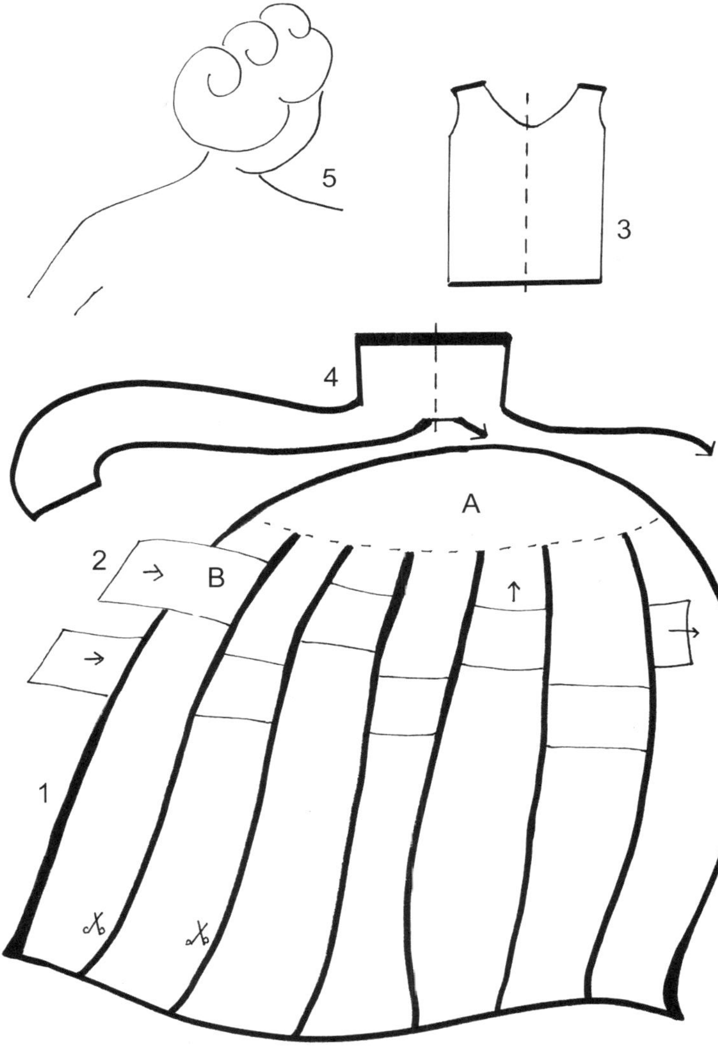

Gerlinde Blahak · 45 Vertretungsstunden Kunst. Illustrationen: Gerlinde Blahak

33 Barfuß: Zwei Ebenen übereinanderlegen

Ziel / Leitidee	ein Bild (grafisch) mit einem zweiten Bild (farbig) verschränken
Klassenstufe	9/10
Vorbereitung / Material	weißes Zeichenpapier (DIN A4), Kopiervorlage (Fußabdrücke), Bleistift, Radiergummi, schwarze Filzstifte (feinzeichnend breite Strichstärke), bunte Filzstifte, Malstifte, Wachsmalkreiden
Sozialform	gesamte Klasse, Einzelarbeit
Kompetenzbereich	Linienzeichnung, Zufallsverfahren, (Durchpausen), farbige Ausgestaltung von Binnenflächen mit verschiedenen Malwerkzeugen

Hinführung

- Unterrichtsgespräch: Die Schüler beantworten folgende Lehrerfragen

> *In welcher Jahreszeit ist Barfußlaufen angesagt? In welcher Umgebung spazieren viele Leute gerne ohne Schuhe umher? Wie muss das Wetter sein?*

- Die Schüler sollen nun ein solches Szenario mit Bleistift vorskizzieren. Teilen Sie als Anregung die vorbereitete Kopiervorlage mit einigen Details aus.

Hauptphase

- Die Schüler nehmen ein Blatt Zeichenpapier (DIN A4) senkrecht und entwerfen mit Bleistift ein Sommer-Sonne-Strand-Szenario, eine Freibad-Idylle, ein Picknick im Grünen etc.
- Sie fahren die Umrisslinien mit einem schwarzen Filzstift (feinzeichnend) nach und gestalten einzelne Teilflächen mit Mustern und Strukturen aus (grafische Bearbeitung).
- Anschließend pausen sie die Umrisse der Fußsohlen (Kopiervorlage) auf das Bild. Dabei drücken sie Bild und Kopiervorlage gegen eine Fensterscheibe und fahren die Umrisse mit Bleistift nach. Ihre Lage kann variieren.
- Die Konturen werden dann mit dickerem schwarzem Filzstift hervorgehoben und eventuell verstärkt.
- Alle Binnenformen, die innerhalb in der Fläche der Fußsohlen liegen, werden nun mit Stiften aller Art farbig ausgestaltet (z. B. Filzstifte, Buntstifte, Kreiden). Alle Flächen die außerhalb dieser Zone liegen bleiben unbearbeitet.

Ergebnissicherung/Präsentation

- Die Bilder können zusammen mit Sommer-Gedichten, die im Deutschunterricht gelesen oder auch selbst geschrieben werden, auf einer Pinnwand präsentiert werden.

Alternativen

- Die Arbeit kann auch in Format DIN A3 gelöst werden. Dann verteilen sich mehrere Fußspuren über die Fläche und werden farbig ausgearbeitet.
- Wenn mehr Zeit zur Verfügung steht, können Schüler alternativ den Hintergrund in Farbe gestalten und die Fußabdrücke als schwarz-weiße Linienzeichnung belassen.

Lösung

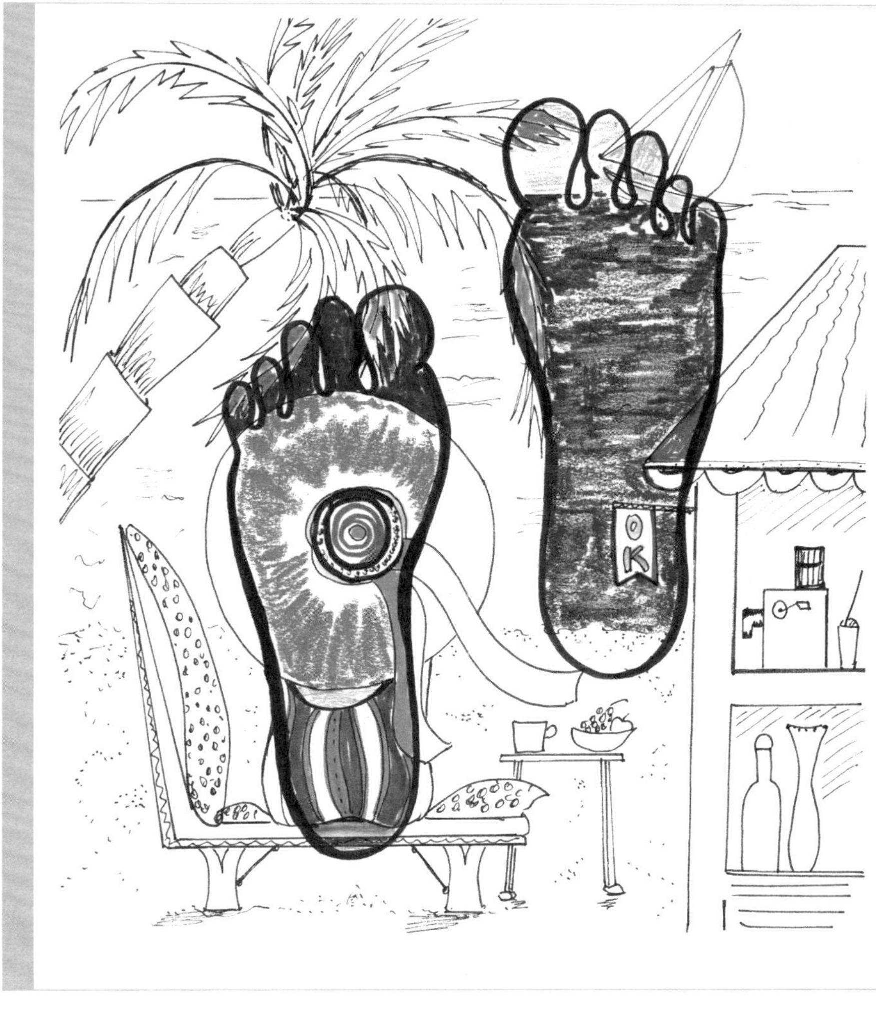

Name: Klasse: Datum:

Barfuß: Zwei Ebenen übereinanderlegen

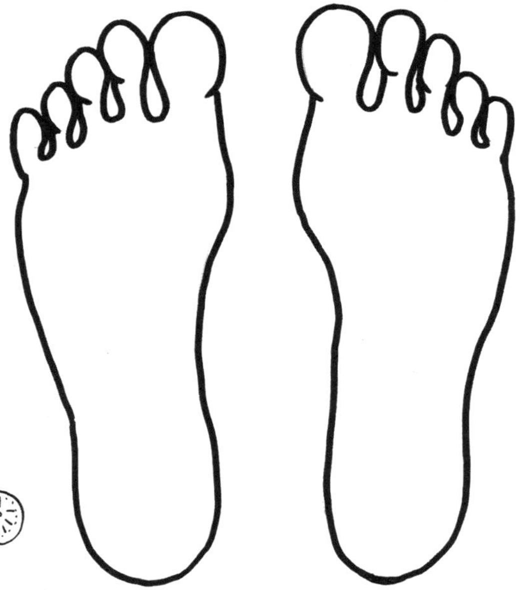

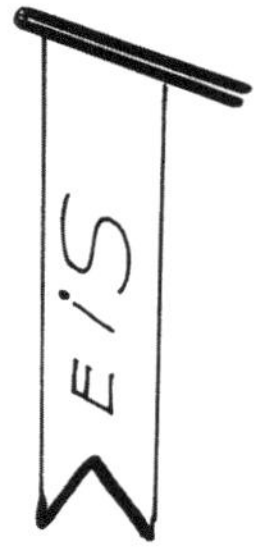

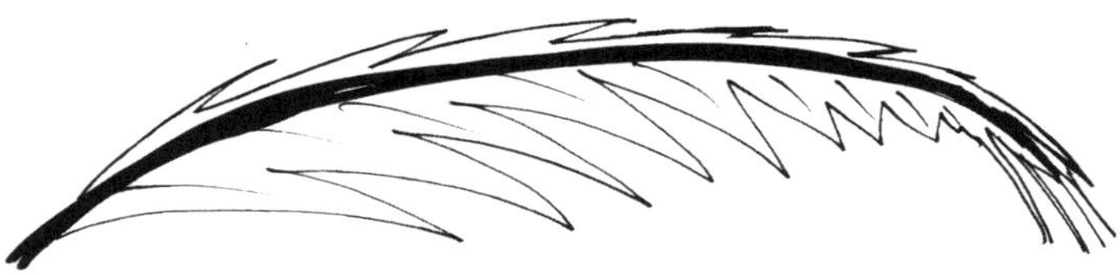

Gerlinde Blahak: 45 Vertretungsstunden Kunst. Illustrationen: Gerlinde Blahak

Blätter und Blüten: Lavierte Tuschezeichnung

Ziel / Leitidee	Tintenzeichnung ohne Vorzeichnung, Linien und Strukturen, Lavieren
Klassenstufe	9/10
Vorbereitung / Material	weißes Zeichenpapier (DIN A4), Probeblatt, Tintenroller, Wassergefäß, Pinsel mit Spitze (z. B. Nr. 6), Kopiervorlage (Zeichenhilfe)
Sozialform	gesamte Klasse, Einzelarbeit
Kompetenzbereich	intuitives Zeichnen mit Tusche/Tinte, Lavieren mit dem Pinsel

Hinführung

- Arrangieren Sie verschiedene Blätter und Blüten auf einem Tisch. Erläutern Sie, dass die einzelnen Formen übereinander zu liegen kommen und sich somit überschneiden. Weisen Sie darauf hin, dass bei der folgenden Aufgabe nicht nur naturgetreue Blätter und Blüten entstehen sollen, sondern dass der Fantasie Spielraum gegeben wird.
- Teilen Sie die vorbereitete Kopiervorlage aus und bitten Sie die Schüler, deren Motiv-Vorschläge auf einem Probeblatt mit Tintenroller und ohne weitere Vorzeichnung nachzugestalten und eventuell weitere Ideen hinzuzufügen.

Hauptphase

- Zeichnung:
  - › Die Schüler legen Zeichenpapier (DIN A4), einen Tintenroller, sowie ein Gefäß mit klarem Wasser und einen Pinsel mit Spitze bereit.
  - › Sie beginnen unmittelbar mit dem Tintenroller Blätter und Blüten auf die weiße Fläche zu zeichnen. Dabei können sie auf die zuvor geübten Motive zurückgreifen.
  - › Der Lehrer gibt weitere wichtige Hinweise:

Wichtig

– Fahrt Blüten- und Blattränder nochmals locker mit einer gekritzelten Linie nach.
– Legt Flächen übereinander.
– Ergänzt Blattadern, Risse, Staubfäden usw.
– Füllt einige Teilflächen mit Linien und Punkten.
– Zeichnet Gräser, Rispen oder Halme hinzu.

- Lavieren:
  - › Die Schüler befeuchten die Pinselspitze mit Wasser und fahren ganz leicht einige Linien in der Zeichnung, die sie besonders betonen wollen (z. B. Blattadern), nach. Die gezeichneten Linien verlaufen zu schmalen Flächen und Schattenzonen.

› Um einzelne Motive deutlicher voneinander abzuheben, werden die Tintenkonturen in den entstandenen Zwischenräumen ganz leicht mit Wasser angelöst und zu einer dunklen Fläche (Hintergrund) verbreitert (siehe Kopiervorlage). Diese Schattenzonen sind in der Mitte der Zeichnung stärker vertreten und nehmen zu den Rändern hin ab.

Ergebnissicherung/Präsentation

- Die Schüler fertigen Kopien ihrer Zeichnungen an. Sie schneiden Teile der Zeichnung (Rechteck, Quadrat) heraus und verwenden die Ausschnitte als Dekoration für Glückwunschkarten oder relevante Texte, z. B. in Deutsch.

Alternativen

- Schwarze Flächen auf dem Probeblatt können mit Wasser angelöst werden. Mit dem Pinsel setzt man dann mit der gelösten, wässrigen Tintenflüssigkeit graue Spuren in die Zwischenräume (Punkte, kleine Flächen).

Tipp Setzen Sie die Unterrichtseinheit nach einem Natur-Erkundungsgang ein, bei dem die Schüler (trockene) Blätter und Blüten gesammelt haben.

Lösung

Name: Klasse: Datum:

Blätter und Blüten – Arbeitshilfe

35 Blüten-Hüte: 3D-Papierarbeit

Ziel / Leitidee	dreidimensionales Gestalten mit verschiedenen Papieren, Mischtechnik (Zeichnung, Collage)
Klassenstufe	9/10
Vorbereitung / Material	Fotokarton (DIN A4) in Grau oder Gelb, Küchenpapier, Krepp-Papier (Reste), weicher Bleistift, Radiergummi, schwarzer Filzstift, Wachsmalstifte, Schere, Klebestift, Bürohefter, Kopiervorlage (Arbeitsanleitung) in Klassenstärke
Sozialform	gesamte Klasse, Einzelarbeit
Kompetenzbereich	Schneiden, Falten, Kleben, Zeichnen

Hinführung

- Bringen Sie zwei bis drei ausgefallene Blumenhutmodelle oder entsprechende Abbildungen aus Zeitschriften mit.
- Alternativ: Wickeln Sie aus einem großen Stück Küchenpapier eine Riesenblüte (Anleitung siehe Kopiervorlage) und befestigen sie diese mit dem Bürohefter auf einem Kartonstreifen (Breite 3 cm, Länge Kopfumfang), den sie ebenfalls mit dem Bürohefter zu einem Ring schließen. (Diese Arbeit kann vom Lehrer auch schon im Vorfeld erledigt werden). Setzen Sie das Blütengebilde sich selbst oder einem Schüler auf.
- Als Überleitung gibt der Lehrer die Arbeitssituation vor:

> *Für eine Floristik-Messe sollen Blüten-Hüte und passende Schals für die Mitarbeiterinnen entworfen werden. Euere Ideen sollen sowohl dreidimensional als auch zeichnerisch auf Fotokarton präsentiert werden.*

Hauptphase

- Blüten: Die Schüler falten 2 Blatt Küchenpapier bzw. einen entsprechenden Streifen Krepp-Papier der Länge nach locker zur Hälfte um. Die Faltkante sollte dabei nicht zusammengedrückt werden. Sie rollen den Streifen auf (siehe Kopiervorlage) und drücken ihn an den offenen Rändern zusammen. Das Innere der Blüte wird etwas heraus- und auseinandergezogen. Mit einem Bürohefter werden die Papierenden fixiert.
- Die Schüler formen zwei Blüten in unterschiedlichen Farben und befestigen sie mit dem Bürohefter versetzt auf grauem Fotokarton (DIN A4). Sichtbare Metallklammern werden durch zusätzliche gefaltete Papierteile überklebt und kaschiert.
- Gesichter: Mit Bleistift entwerfen die Schüler unter den Blüten-Hüten zwei Gesichtsovale und deuten Augen Nase, Mund sowie Haare an. Die Gesichter können sich zum Teil überschneiden (siehe Kopiervorlage).

- Anschließend ziehen die Schüler alle Konturen mit schwarzem Filzstift nach und schattieren die Gesichter leicht mit violetten, blauen oder grünen Wachsmalstiften.
- Schal/Kragen: Aus den verwendeten Papiersorten schneiden und falten die Schüler dekorative Kragenlösungen, die sie unter die Gesichter kleben. Sie sollen über den unteren Bildrand hinausreichen.

Ergebnissicherung/Präsentation

- Die Lösungen werden zusammen mit „Riesenblüten" auf einer Wand präsentiert.

Alternativen

- Blüten und Schals können abwechselnd in der Farbe des anderen Modells gestaltet werden.

Lösung

Name: Klasse: Datum:

Blüten-Hüte – Falt- und Zeichenhilfe

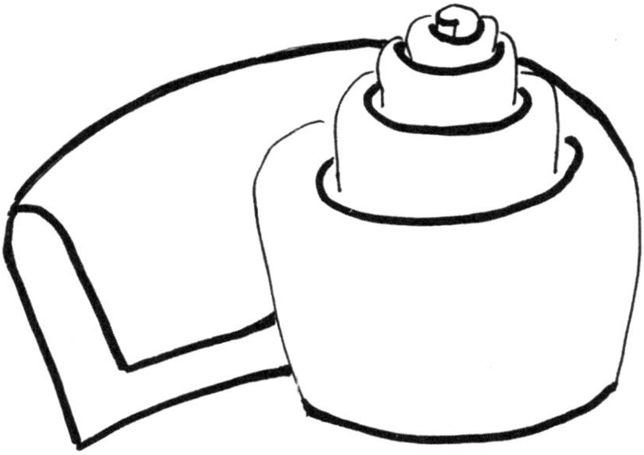

Gerlinde Blahak · 45 Vertretungsstunden Kunst. Illustrationen: Gerlinde Blahak

Einladung: Buchstaben-Experimente

Ziel / Leitidee	Buchstaben als dekorative und informative Elemente, Gestaltung von Postern und Flyern
Klassenstufe	9/10
Vorbereitung / Material	weißes Zeichenpapier (DIN A4), Bleistift, Radiergummi, Filzstifte in verschiedenen Stärken und Farben, Buntstifte, Wachsmalkreiden
Sozialform	gesamte Klasse, Einzelarbeit
Kompetenzbereich	Schreiben, Zeichnen

Hinführung

- Es steht eine Schulveranstaltung an. Alle Schüler einer Klasse werden vom Lehrer gebeten, eine Einladung zu gestalten.
- Weil nur kurze Zeit zur Verfügung steht, werden bestimmte Vorgaben gemacht, die die Schüler fantasievoll ausgestalten sollen.

Hauptphase

- Die Schüler bearbeiten senkrecht ein weißes Blatt (DIN A4). Sie ziehen mit Bleistift und Lineal eine Hilfslinie, die die Fläche in zwei Drittel und ein Drittel einteilt.
- In die größere Fläche zeichnen die Schüler einen Turm von unregelmäßig aufeinander gestapelten Rechtecken (Schachteln). Die Anzahl richtet sich nach der Anzahl der Buchstaben des Wortes „Einladung" (9). Es können auch zwei kleinere Schachteln nebeneinander angeordnet werden. Alle Umrisse werden mit Lineal und schwarzem Filzstift nachgezogen.
- In jedes Rechteck wird dann ein Buchstabe geschrieben: Die Schüler verwenden Blockbuchstaben in fantasievollen Abwandlungen und gestalten sie sowie die Rechteckflächen farbig mit Stiften aus.
- In das restliche Drittel der Hintergrundfläche zeichnen die Schüler eine Figur in Bewegung: Sie streckt sich nach der obersten Schachtel, stützt den Turm ab, lehnt sich gegen ihn usw. Sie wird nur durch ihre Umrisse und sparsame Details (Auge, Mund, Haare) dargestellt.

Ergebnissicherung / Präsentation

- Eine Jury aus Lehrern und Schülern (z. B. Klassensprecher) wählt die drei besten Lösungen aus, die anschließend vervielfältigt werden. Mit dem Kopiergerät lassen sich auch interessante Schwarz-Weiß-Reproduktionen sowie DIN-A3- Plakate herstellen.

Alternativen

- Die Aufgabe lässt sich auch für andere Begriffe und Wörter einsetzen: Namen, Monate, Eingang, Ausgang, Mensa, …

Tipp Die Schüler vermerken als Urheber ihre Initialen an geeigneter Stelle. Der Lösungsvorschlag kann bei der Hinführung kurz als Folie zur Verdeutlichung der Komposition gezeigt werden.

Lösung

Glückwunschkarte: Abbildungen zerschneiden

Ziel / Leitidee	Rollage: Zerschneiden und Neu-Arrangieren von fotografischen Abbildungen, Kombination Schrift/Bild, dekoratives Design
Klassenstufe	9/10
Vorbereitung / Material	weißes Papier (125 g/m² – DIN A4), fotografische Abbildungen (Blumen, Landschaften, Kunstwerke), Filzstifte (verschiedene Stärken), Schere, Klebestift, Kopiervorlage (Arbeitsanleitung) in Klassenstärke, Papierschneidegerät, Abbildungen von Werken des Künstlers Jiri Kolar oder Lösungsvorschlag als Folie
Sozialform	gesamte Klasse, Einzelarbeit
Kompetenzbereich	Schneiden, Schriftgestaltung, Kleben

Hinführung

- Der Lehrer erläutert den Begriff „Rollage" anhand einiger Werke des Künstlers Jiri Kolar oder alternativ mittels Lösungsvorschlag: Mehrere Abbildungen (Fotos) werden in Streifen zerschnitten und in anderer Reihenfolge wieder zusammengeklebt.
- Als Rollage-Material bieten sich Kalenderbilder, Reisekataloge, Blumenprospekte aus dem Gartencenter, Flyer aus Kunstausstellungen usw. an. Der Lehrer hat die Schüler im Vorfeld gebeten, derartiges Material zu sammeln oder stellt es selbst bereit.
- Er kündigt an, dass Glückwunschkarten als Bilder in vereinfachter Rollage-Terchnik gestaltet werden sollen.

Hauptphase

- Die Schüler stellen aus weißem Zeichenpapier (DIN A4) vier Kartenflächen in gleicher Größe her (ca. 15 cm x 10,5 cm).
- Sie wählen aus den angebotenen fotografischen Abbildungen 1–2 Themen (Blüten, Himmel, Landschaften, ...) aus, die sie mit einander kombinieren wollen.
- Sie zerschneiden die Abbildungen in unterschiedlich breite Streifen (0,5–2 cm), die in beliebiger Reihenfolge senkrecht nebeneinander auf eine Kartenfläche (1) aufgeklebt werden. Die Kanten der Streifen sollten aneinanderstoßen, ihre Länge reicht über den Kartenrand hinaus und wird später mit der Schere angepasst.
- Auf einer weiteren Kartenfläche (2) wird in der Mitte durch zwei waagrechte, geschwungene Linien eine Fläche für den Schriftzug abgetrennt.
- Die Schüler setzen einen Schriftzug („Alles Gute", „Viel Glück", „Herzliche Grüße") in schwungvoller Schreibschrift in diese mittlere Fläche. Es empfiehlt sich, mit Bleistift vorzuschreiben und dann mit Filzstiften auszugestalten.
- Die Schüler pausen die Teilungslinien auf die dritte Karte (Schablonenkarte) (3) durch und zerschneiden diese Karte entlang dieser Linien in drei Teile.

- Das mittlere Teilstück wird beiseite gelegt und die Trennlinien der anderen beiden Schablonen werden auf der Rollagefläche (1) mit Bleistift nachgezeichnet.
- Anschließend wird auch hier die Fläche entlang der Linien in drei Teile zerschnitten (A–C).
- Die Schüler kleben Teil A und C auf die Karte (2) mit dem Schriftzug, der in der Mitte sichtbar bleibt.
- Das restliche Rollage-Teil (B) wird in die Mitte von Karte 4 geklebt, die ebenfalls mit einem Schriftzug versehen wird.

Ergebnissicherung/Präsentation

- Die Karten kommen als originelle Glückwünsche bei speziellen Anlässen (Muttertag, Geburtstag usw.) zum Einsatz.

Alternativen

- Es ist auch möglich, nur eine Abbildung zu wählen und die Streifen beim Aufkleben versetzt anzuordnen.
- Die Teilungslinien lassen sich gut durchpausen, wenn man die Schablonenkarte und die Karte mit dem Schriftzug gegen ein Fenster presst und dann die Linien nachzeichnet.
- Streifen und Ränder der Karten werden exakter, wenn ein Papierschneidegerät eingesetzt wird.

Tipp Die Schablonen zum Zerschneiden der Kartenfläche sollten für weitere Versuche aufgehoben werden.

Lösung

Name: Klasse: Datum:

Glückwunschkarten – Arbeitsanleitung

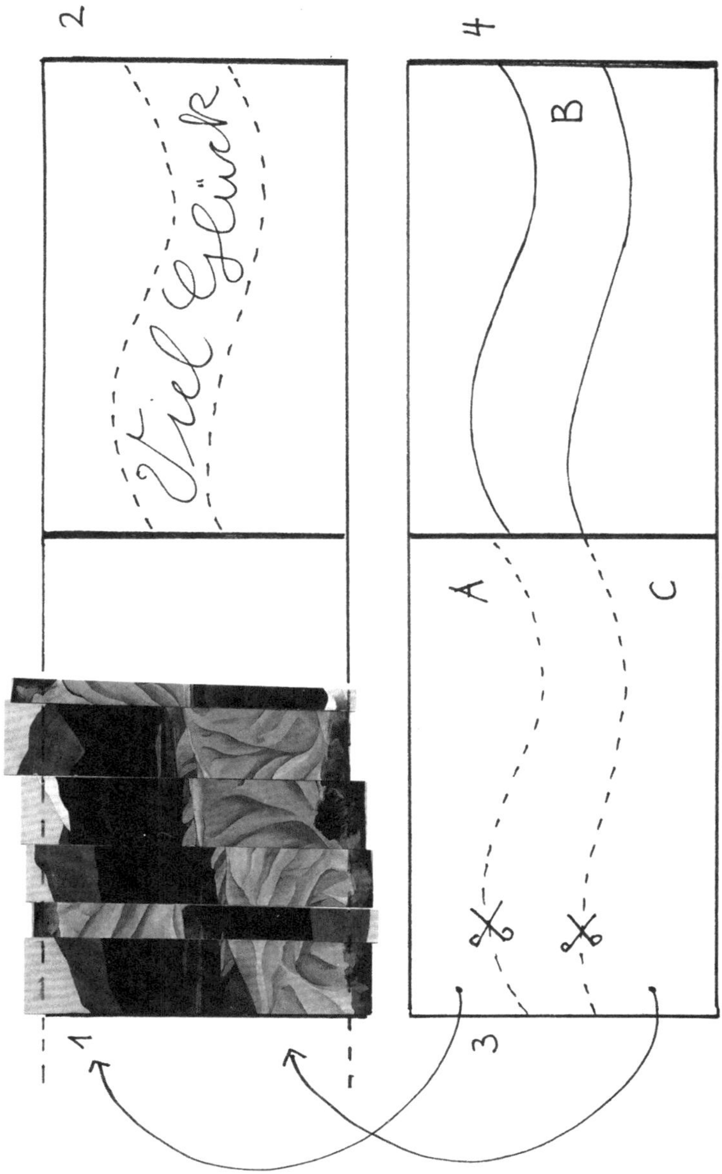

Gerlinde Blahak · 45 Vertretungsstunden Kunst. Illustrationen: Gerlinde Blahak

38 Landschaft mit Brücke: Collage

Ziel / Leitidee	Perspektive durch Staffelung, Flächengestaltung durch farbiges Papier
Klassenstufe	9/10
Vorbereitung / Material	weißes Zeichenpapier (DIN A4), Reste von farbigem Tonpapier, Bleistift, Radiergummi, Schere, Klebestift, Kopiervorlage (Zeichenhilfe) als Folie, Tageslichtprojektor
Sozialform	gesamte Klasse, Partnerarbeit
Kompetenzbereich	Schneiden, Kleben, Arbeiten in kleinen Gruppen

Hinführung

- Der Lehrer legt die vorbereitete Folie (Kopiervorlage) auf den Tageslichtprojektor und führt durch gezielte Fragen auf Thema und Technik hin:
  - *Was ist dargestellt?*
    (Landschaftsdetails, Haus, Bücke, Wolkenformation, Sonne)
  - *Was fällt auf?*
    (keine Binnenzeichnungen und Strukturen)
  - *Welches Material und welche Technik bieten sich an um die Motive zu gestalten?*
    (Papier, Ausschneiden)
- Der Lehrer bittet die Schüler, für die folgende Arbeitsphase Zweiergruppen zu bilden.

Hauptphase

- Die Schüler wählen aus dem Fundus an Tonpapier, den der Lehrer zur Verfügung stellt, geeignete Farben für die Bildgestaltung:
  - *Braun, Grau, Violett etc. für Hügelformationen*
  - *Orange, Grün, Blau etc, für Häuserreihen*
  - *Hell- und Dunkelgrün, Blau, Schwarz, Braun, ... für Baumgruppen*
  - *eine hervorstechende Farbe für die Brücke (Gelb, Orange, Rot, ...)*
- Dann sprechen sich die Schüler ab, wer welche Motive entwirft und ausschneidet (Arbeitsteilung).
- Der Lehrer weist darauf hin, dass als Erstes auf den Hintergrund (weißes Zeichenpapier DIN A4) am unteren Bildrand zwei Streifen (Höhe ca. 8 cm) für Bodenformationen (schwarz, braun) und Wasser (blau) geklebt werden sollten.
- Alle Motive werden zunächst probeweise auf dem Hintergrund angeordnet, ergänzt, in ihrer Form verändert und hintereinander gestaffelt, bevor sie aufgeklebt werden.

Ergebnissicherung/Präsentation

- Die Lösungen werden eventuell zusammen mit Landschaftsbildern, z. B. von Münter, Schmidt-Rotluff, Marc (Expressionismus), präsentiert.

Alternativen

- Die Schüler entwerfen individuelle Baum- und Brückenformen.
- Sie wählen eine speziell „expressive" Farbgebungen für ihre Bilder.

Tipp Die Stunde eignet sich als Vor- oder Nachbereitung für ein kunstgeschichtliches Projekt (Expressionismus). Das Thema kann auch in Einzelarbeit malerisch gelöst werden.

Lösung

Name: Klasse: Datum:

Landschaft mit Brücke – Arbeitsanleitung

Gerlinde Blahak · 45 Vertretungsstunden Kunst. Illustrationen: Gerlinde Blahak

Menschen im Raum: Perspektive durch Linien

39

Ziel / Leitidee	grafische Definition von Motiven ohne Umrisslinien, Linien als Flächen füllende und perspektivische Elemente
Klassenstufe	9/10
Vorbereitung / Material	weißes Zeichenpapier DIN A4 (2 Blatt pro Schüler), Bleistift, Radiergummi, Lineal, schwarze Filzstifte in verschiedenen Stärken, Schere, Klebestift, Kopiervorlage (Arbeitsanleitung) und Lösung als Folie
Sozialform	gesamte Klasse, Einzelarbeit
Kompetenzbereich	Zeichnen mit dem Lineal, Collage

Hinführung

- Der Lehrer erläutert mithilfe der Kopiervorlage (Folie), wie Umrisse ohne Kontur nur durch flächenfüllende Linien definiert werden können. Ebenso registriert das menschliche Auge die „Störung" eines Musters (Hintergrund) als konturierte Fläche, wenn Motive mit Linien, die in andere Richtungen verlaufen, darüber gesetzt werden (Folie – Lösung).
- Der Lehrer erklärt, dass die Aufgabe in zwei Schritten gelöst wird: Figuren und Hintergrund werden auf separaten Blättern gestaltet und erst zum Schluss übereinandergelegt.

Hauptphase

- Hintergrund:
  - › Die Schüler legen mit schwarzem Filzstift (breitere Stärke) die Ecke einer Raumes in ihren Begrenzungen fest (siehe Anleitung Kopiervorlage).
  - › Sie gestalten mit Lineal und schwarzem Filzstift jede Wandfläche mit geraden, senkrecht verlaufenden Linien. Jeweils unterschiedlicher Abstand und andere Breite der Linien ergibt für jede Wand ein anderes Muster. Die Bodenfläche wird durch perspektivisch nach hinten schmaler werdende Linienabstände strukturiert.
- Figuren:
  - › Die Schüler entwerfen mit Bleistift auf weißem Zeichenpapier zwei Figuren in unterschiedlichen Haltungen (sitzend, tanzend, schreitend, …). Wehendes Haare, Röcke oder Schals ergeben weitere Flächen, die sich gut strukturieren lassen.
  - › Anschließend füllen sie die Flächen mithilfe eines Lineal und feinzeichnendem schwarzem Filzstift mit Linien und Strahlenbündeln, die ab und zu die Richtung wechseln. Es empfiehlt sich, diese „Fix-Punkte" vorher mit Bleistift zu markieren. Linien können an den äußeren Begrenzungen der Vorzeichnung über die vorgezeichnete Linie hinausreichen. Es ergeben sich so beim späteren Ausschneiden exaktere Endpunkte (siehe Kopiervorlage).

› Zum Schluss werden die Motive entlang der vorgezeichneten Umrisslinien ausgeschnitten und alle Bleistiftspuren wegradiert.
› Die Figuren werden auf den Hintergrund platziert und aufgeklebt.

Ergebnissicherung/Präsentation

- Das Format des Blattes wird an den Rändern so zugeschnitten/verkleinert, dass es auf schwarzes Tonpapier in Größe DIN A4 passt, das nach dem Aufkleben des Bildes wie ein Rahmen wirkt.

Alternativen

- Auf der Kopiervorlage zur Aufgabe „Papierobjekte“ finden sich Ideen für den Entwurf der Figuren.
- Kleinere Flächen zwischen Körper und Armen oder Beinen brauchen nicht ausgeschnitten werden. In diesem Bereich werden nach dem Aufkleben einfach die Muster des Hintergrundes ergänzt.
- Werden die Figuren nur punktuell aufgeklebt, so dass die Ränder lose abstehen, ergibt sich ein zusätzlicher 3D-Effekt.

Tipp Die Lösungen eignen sich, wegen der neutralen Themenstellung, gut zur Auflockerung und Illustration von Texten (z. B. für den Jahresbericht der Schule).

Lösung

Name: Klasse: Datum:

Menschen im Raum – Arbeitsanleitung

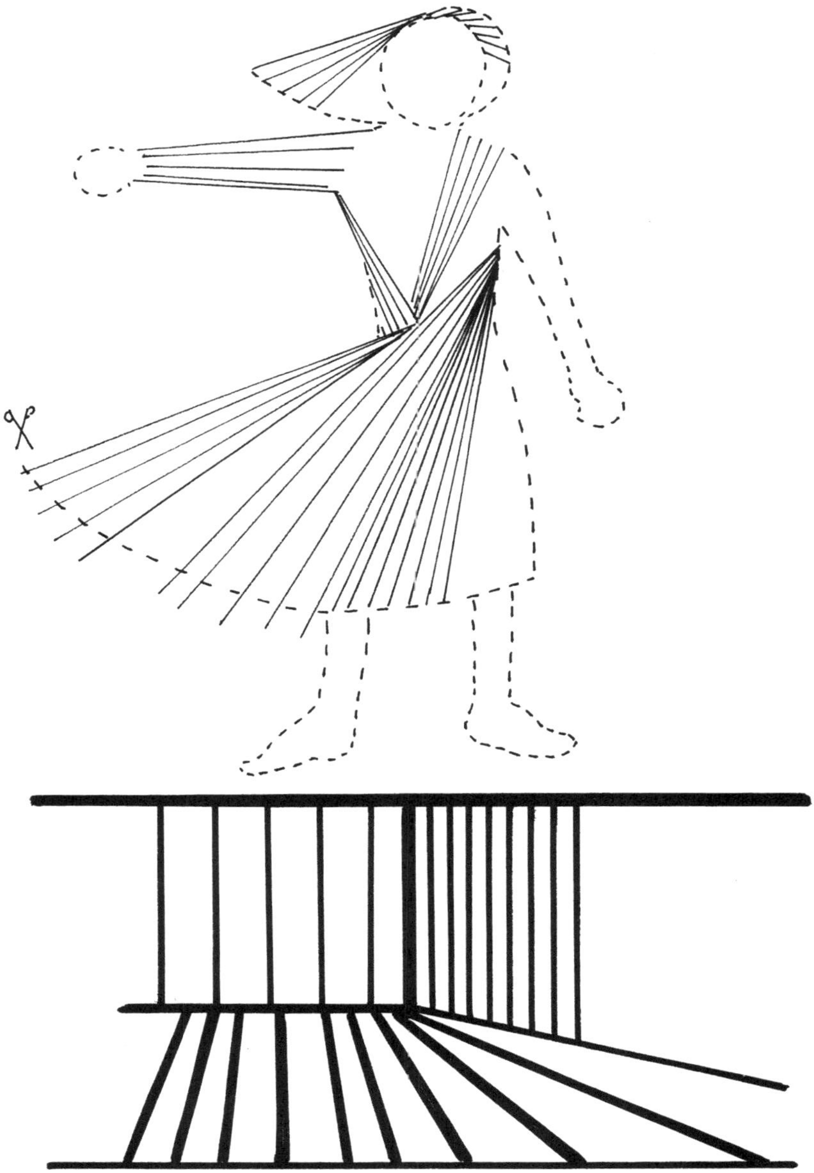

Gerlinde Blahak · 15 Vertretungsstunden Kunst · Illustrationen: Gerlinde Blahak

40 Mensch und Hund: Karikaturen

Ziel / Leitidee	Porträts aus geometrischen Formen, Verzerren und Übertreiben
Klassenstufe	9/10
Vorbereitung / Material	weißes Zeichenpapier (DIN A4), Kopiervorlage (Zeichenanleitung) in Klassenstärke und als Folie, Bleistift, Radiergummi, schwarze Filzstifte (verschiedene Stärken)
Sozialform	gesamte Klasse, Einzelarbeit
Kompetenzbereich	gezieltes Zeichnen und Ausgestalten

Hinführung

- Der Lehrer fragt im einleitenden Unterrichtsgespräch, in welcher Familie ein Hund als Haustier gehalten wird, welche besonderen Eigenheiten er hat und in welcher Hinsicht er auch „menschliche" Charaktereigenschaften und Züge aufweist.
- Er kündigt als Aufgabe für die folgende Stunde an:

> *Zeichnet ein Doppelporträt von Hund und Hundebesitzer und arbeitet auffallende Ähnlichkeiten zwischen den beiden heraus.*

Hauptphase

- Die Kopiervorlage (zunächst als Folie gezeigt) demonstriert das schrittweise Verfahren und wird kurz erläutert (1–5).
- Dann erhält jeder Schüler die Anleitung (Kopiervorlage) und legt ein Zeichenblatt sowie Bleistift und Radiergummi bereit. Das Blatt wird waagrecht genommen.
- Die Schüler entscheiden sich als Erstes für eine geometrische Grundform, von der sie für beide Motive ausgehen wollen: Rechteck, Dreieck, Oval, Vieleck, … und skizzieren sie in unterschiedlicher Größe nebeneinander (1).
- Sie zeichnen in einem nächsten Schritt Augenpartien, die sich in Größe, Form und Lage stark ähneln (2).
- Dann versuchen sie Nasen und Mund-/Maulform ähnlich zu gestalten (3/4). Da es sich um Karikaturen handelt, wird mit entsprechenden Verzerrungen und Übertreibungen gearbeitet.
- Anschließend werden Ähnlichkeiten zwischen Fell und Frisur, sowie Ohren, Halsband und Kragen hergestellt (5).
- Zum Schluss ziehen die Schüler alle Linien, die erhalten werden sollen, mit feinzeichnendem, schwarzem Filzstift nach. Einige markante Stellen werden mit kräftigerem Strich betont. Alle Bleistiftspuren werden wegradiert

Ergebnissicherung/Präsentation

- Bitten Sie die Schüler, Fotos von ihrem jeweiligen Familienhund mitzubringen und hängen sie diese zusammen mit den Karikaturen auf.

Alternativen

- Die Porträts können zusätzlich mit Buntstiften bearbeitet werden.
- Die Porträts lassen sich mit weiteren Details wie Schleifen, Spangen, Brillen, ... ausschmücken.

Tipp Die Kopiervorlage wird am besten in einer Kunstsammelmappe unter „Zeichentipps – Karikaturen" abgeheftet.

Lösung

Name: Klasse: Datum:

Mensch und Hund – Zeichenanleitung

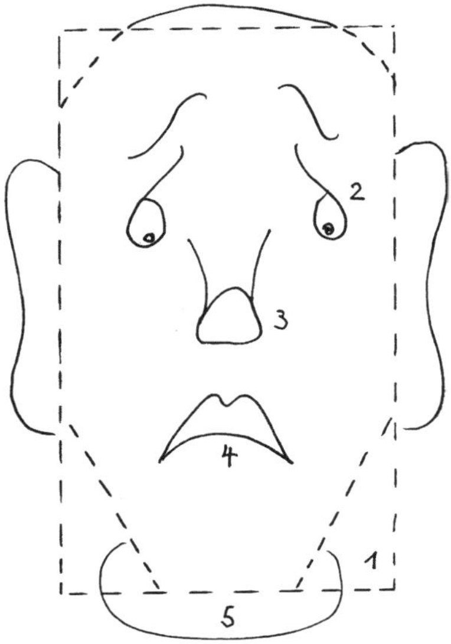

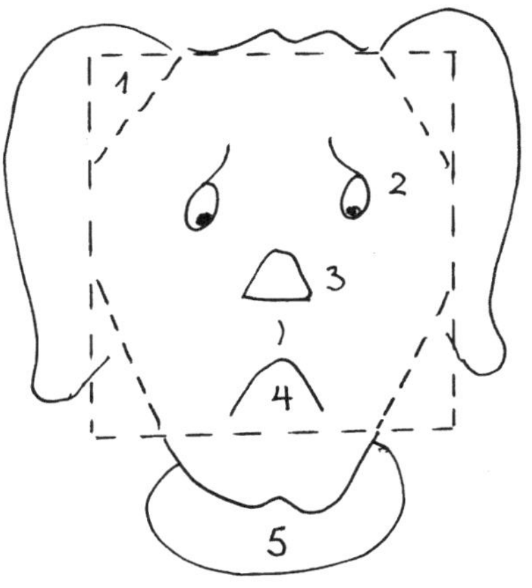

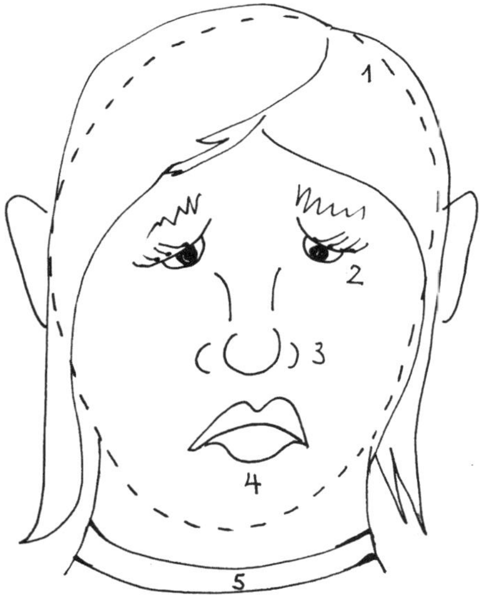

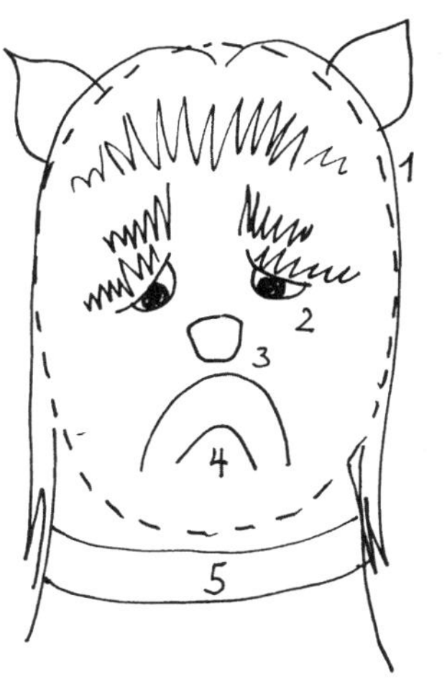

Gerlinde Blahak: 45 Vertretungsstunden Kunst. Illustrationen: Gerlinde Blahak

Namensskulptur: Ein Schriftbild collagieren

41

Ziel / Leitidee	Schrift als Ornament, gespiegelte Formen
Klassenstufe	9/10
Vorbereitung / Material	Tonpapierreste (ca. DIN A5),weißes Zeichenpapier (DIN A4), Bleistift, Radiergummi. Schere, Klebestift, Lösung (Folie), Tageslichtprojektor
Sozialform	gesamte Klasse, Einzelarbeit
Kompetenzbereich	Schreiben, Schneiden, Figur-Grund-Bezug untersuchen

Hinführung

- Zeigen Sie die Lösung als Folie auf dem Tageslichtprojektor und lassen Sie die Schüler raten, wie die Details der „Skulptur" zustande kamen. Legen Sie dann die Folie waagrecht auf den Tageslichtprojektor und decken Sie die untere Hälfte des Namens ab. Der Schriftzug („Isabell") ist jetzt klar zu lesen.
- Kündigen Sie an, dass jetzt eine ähnliche „Skulptur" gestaltet werden soll. Den Namen dürfen sich die Schüler auswählen.

Hauptphase

- Nachdem sich die Schüler für einen Namen entschieden haben, geben Sie folgende Hinweise:

> - *Schneidet einen Streifen Tonpapier in der Größe 16 cm x 18 cm zurecht und faltet ihn waagrecht in zwei gleiche Hälften (8 cm x 18 cm). Die Knickkante weist nach unten.*
> - *In Schreibschrift setzt ihr nun den Namen mit weit auseinander gezogenen Buchstaben auf die Fläche.*
> - *Macht euren Entwurf zunächst mit Bleistift.*

- Der Lehrer gibt folgende Hinweise:
  › Die Faltkante dient als Grundlinie, die alle Buchstaben berühren müssen.
  › Unterlängen werden verkürzt wiedergegeben, Oberlängen reichen bis zum oberen Rand.
  › i-Punkte werden als kleiner Kreis auf die Buchstaben gesetzt.
  › Dann werden die Linien mit einer zweiten Linie zu schmalen Flächen verbreitert.
  › Der Schriftzug wird entlang der äußeren Konturen (doppelt) ausgeschnitten.

Wichtig Die Stellen, an denen die Buchstaben auf der Grundlinie aufsitzen (Kontaktstellen), dürfen auf keinen Fall durchgeschnitten werden. Die Buchstaben müssen unten zusammenhängen. Wenn man den Schriftzug auffaltet, ergibt sich ein originelles, symmetrisches Ornament, das zunächst nur für Eingeweihte zu lesen ist.

- Die „Namensskulptur“ wird in die obere Hälfte eines weißen Blattes (DIN A4) geklebt. Dabei sollte die Rückseite nach außen gelangen, damit die Spuren der Vorzeichnung nicht mehr zu sehen sind.
- Die Schüler schneiden sich Tonpapierstreifen in unterschiedlicher Breite zurecht, arrangieren sie zu einem Sockel, auf dem das Namensornament steht, und kleben alle Teile auf.

Präsentation / Einsatzmöglichkeiten

- Eine Sockelfläche kann für einen Schriftzug reserviert werden (z. B. „Viel Glück“, „Alles Gute“, „Happy Birthday!“) und als Glückwunschkarte für verschiedene Anlässe dienen.

Lösung

Papierobjekte: Falten und Zeichnen

Ziel / Leitidee	Dreidimensionalität durch Falten, grafisches Gestalten von Teilflächen, Assemblage
Klassenstufe	9/10
Vorbereitung / Material	dünnes Papier (z. B. Kopierpapier) in verschiedenen Farben (Größe DIN A3 /4), Schere, Bleistift, schwarzer Filzstift, 3 Kopiervorlagen (Zeichenanleitung, Faltanleitung, Faltgitter) in Klassenstärke, 2–3 Blätter Kopierpapier (quadratisch) zur Demonstration
Sozialform	Anordnung aller Einzelarbeiten zu einem Gemeinschaftsprojekt
Kompetenzbereich	Falten (Feinmotorik), Zeichnen (Linie), Arrangieren

Hinführung

- Der Lehrer erkundigt sich, wer von den Schülern die Faltung eines Papierobjekts, das im Allgemeinen unter dem Namen „Himmel und Hölle" bekannt ist, beherrscht. Dabei zeigt er am Besten ein solches Faltobjekt vor. Er lässt einige Schüler auf vorbereitetem Papier die Faltung vornehmen und erklärt, dass die genaue Beschreibung des Vorgangs anschließend als Kopiervorlage verteilt wird.

Hauptphase

- Die Schüler wählen dünnes Papier (Kopierpapier, Tonpapier) in DIN A3/A4. Sie legen eine Seite passgenau über Eck, so dass ein Dreieck (doppelte Fläche) entsteht, und schneiden den seitlich entstandenen Streifen ab. Nach dem Aufklappen ergibt sich eine quadratische Fläche.
- Sie versuchen anschließend nach der Anleitung (Kopiervorlage Schritt 1–9) das Faltobjekt herzustellen.
- Dann wird die Faltung wieder aufgelöst und die quadratische Ausgangsfläche flach ausgebreitet.
- Die Schüler wählen jetzt bestimmte Flächen aus, die dann beim gefalteten Objekt grafisch ausgestaltet erscheinen sollen. Sie entscheiden sich für die Quadrate A–D außen oder a–d in der Mitte (siehe Faltgitter).
- Sie zeichnen mit schwarzem Filzstift (eventuell nach einer Bleistiftvorzeichnung) 4 Strichmännchen in Bewegung/Ruhestellung: tanzend, hüpfend, sitzend, …
  Eine Kopiervorlage gibt dazu Zeichenanregungen.

Wichtig Bei den äußeren Quadraten zeigt der Kopf des Männchens nach innen, bei den mittleren zeigt er zum Mittelpunkt hin (ansonsten stehen später die Figuren auf dem Kopf!). Alle Körperflächen, mit Ausnahme des Kopfes oder der Hände und Füße, werden schwarz ausgefüllt. Es werden keine Gesichtszüge gezeichnet. Zu Beginn des Faltvorgangs liegen die Zeichnungen sichtbar oben.

- Zum Schluss wird das Objekt erneut entlang der bereits vorhandenen Kanten gefaltet und so aufgestellt, dass die bearbeiteten Flächen gut sichtbar sind.

Ergebnissicherung / Präsentation

- Die gefalteten Objekte werden auf Tischen in größeren Gruppen angeordnet (verschiedene Farben und Größen, von unten und von oben, zur Seite gekippt) und eventuell fotografiert.

Lösung

Name: Klasse: Datum:

Papierobjekte – Faltanleitung

1. Papier auf Quadratform bringen.
2. Quadrat entlang der Diagonalen falten.
3. Die 4 Ecken des Quadrats jeweils auf den Diagonalenschnittpunkt legen und entsprechende Faltlinien erzeugen.
4. (Neu entstandenes) Quadrat umdrehen (d. h. bisherige Rückseite nach oben).
5. Gleicher Prozess wie unter 3.
6. Alle Faltkanten (Mittellinien und Diagonalen) des vorliegenden Quadrats nochmals stark nachfalten.
7. Gesamtquadrat so vor sich legen, dass die 4 Teilquadrate sichtbar sind, und entlang einer Mittellinie nach hinten biegen.
8. Mit beiden Daumen unter 2 nebeneinanderliegende Quadrate fahren, diese dann hochziehen und festhalten.
9. Anschließend die restlichen Quadrate ebenso behandeln.

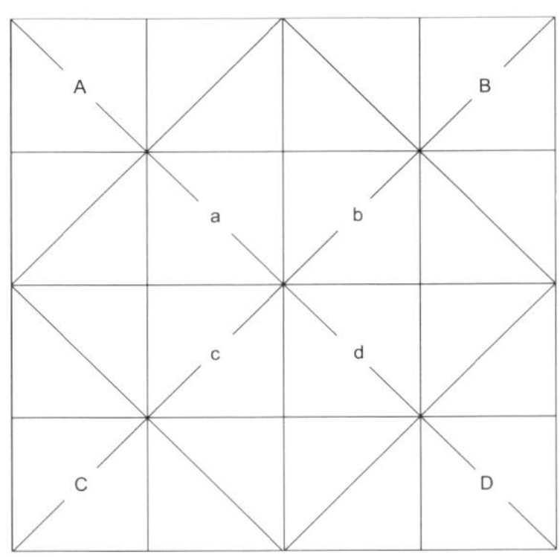

Name: Klasse: Datum:

Papierobjekte – Faltanleitung in Bildern

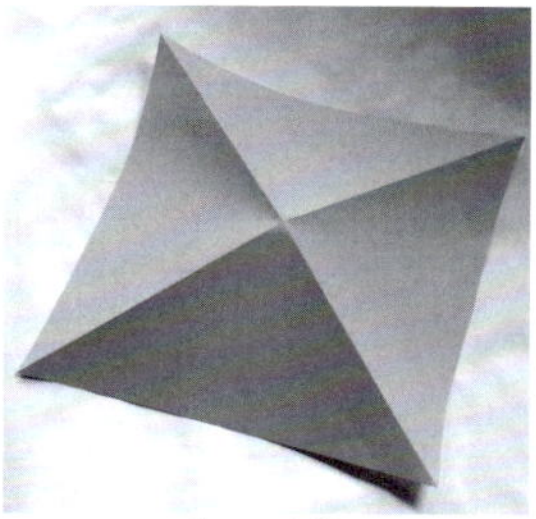

1 und 2

3

3

4

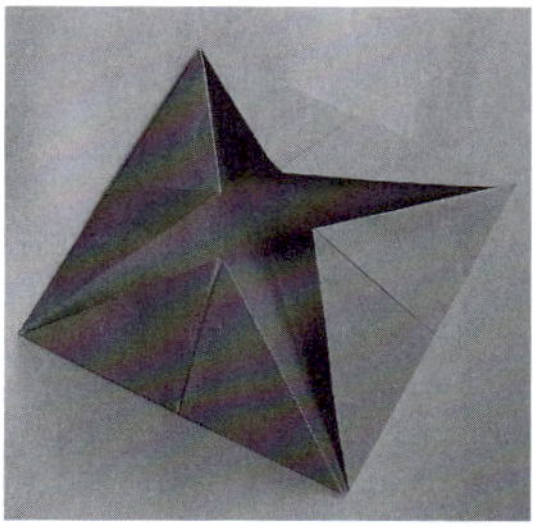

5

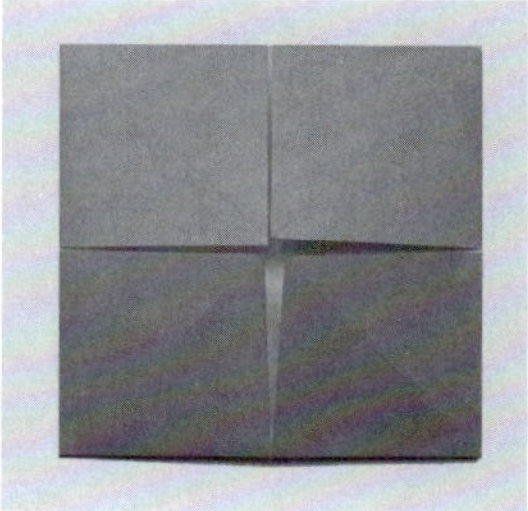

6

7

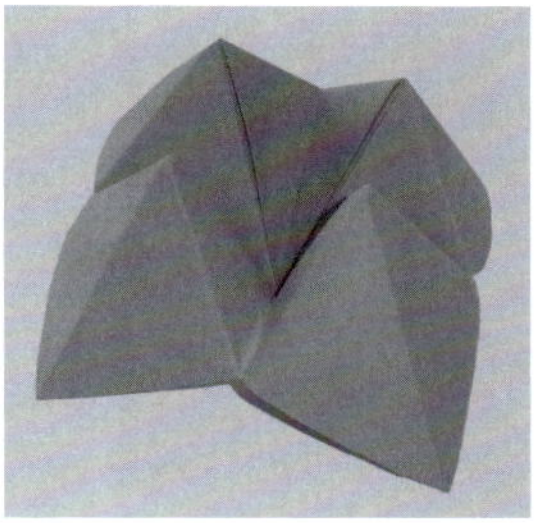

8

Gerlinde Blahak · 45 Vertretungsstunden Kunst. Fotos: Gerlinde Blahak

Name: Klasse: Datum:

Papierobjekte – Zeichenanleitung Figuren

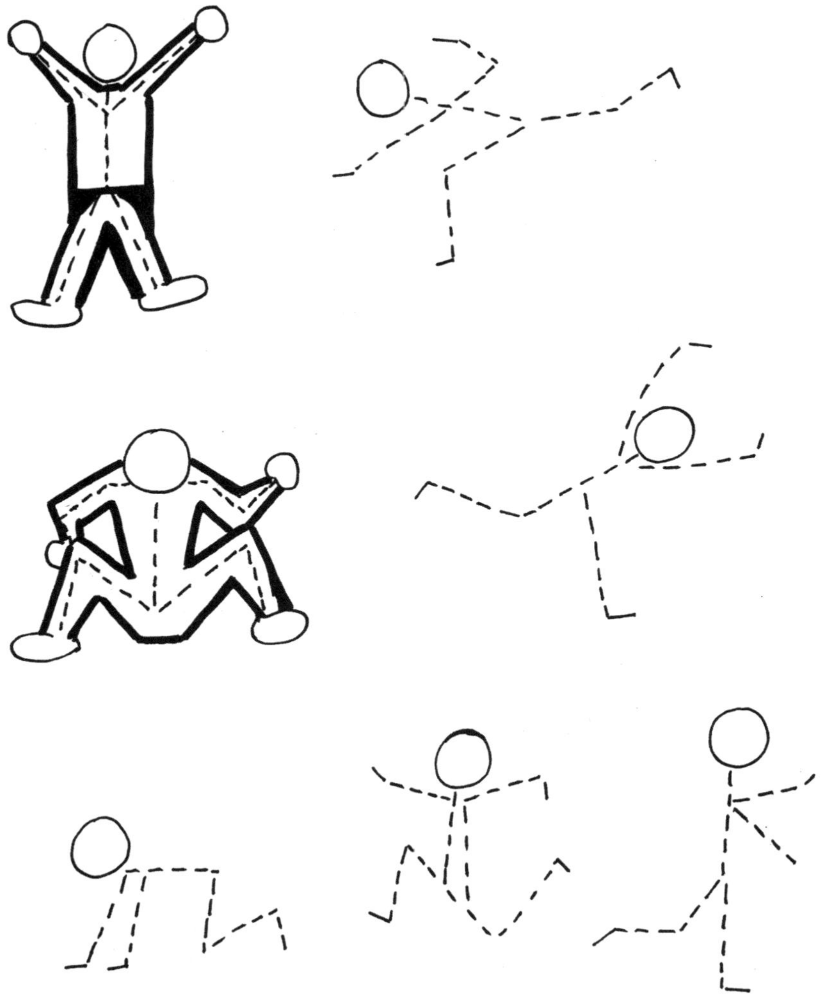

Gerlinde Blahak · 45 Vertretungsstunden Kunst. Illustrationen: Gerlinde Blahak

Party-Gäste: Streifen-Puzzle

Ziel / Leitidee	Zeichenimpulse ausgestalten, Perspektive durch Überschneidung
Klassenstufe	9/10
Vorbereitung / Material	Kopiervorlage (Streifenpuzzle) in Klassenstärke, weißes Zeichenpapier (DIN A4), schwarze und bunte Filzstifte, Schere, Klebestift, Lineal
Sozialform	gesamte Klasse, Einzelarbeit
Kompetenzbereich	Zerschneiden und Zuordnen, grafisches Ausgestalten mit Filzstiften

Hinführung

- Der Lehrer teilt die vorbereitete Kopiervorlage (Puzzle) aus und bittet die Schüler, die Vorlage entlang der vorgegebenen Linien in senkrechte Streifen zu zerschneiden.
- Die Schüler versuchen, bereits zusammengehörige Teile zu entdecken.

Hauptphase

- Die Schüler ordnen die Streifen so auf einem weißen DIN A4-Blatt an, dass sich ein Bild mit mehreren dicht hinter- und nebeneinander gestaffelten Personen ergibt.
- Die Streifen werden passgenau auf den Hintergrund geklebt.
  Ausarbeitung:
  - › Die Schüler füllen alle Stellen, bei denen der Hintergrund sichtbar wird, mit schwarzem Filzstift aus.
  - › Dann entscheiden sie, ob sie die Personen farbig oder in Schwarz-Weiß weiter ausgestalten wollen: Sie setzen einzelne Flächen wie Haare, Hüte, Kleidung durch unterschiedliche grafische Muster voneinander ab, so dass deutlich wird, welche Personen sich im Vordergrund oder im Hintergrund befinden.
  - › Zum Schluss werden die Trennungs-/Schnittlinien nochmals mit Lineal und schwarzem Filzstift betont und die Ränder mit der Schere begradigt.

Ergebnissicherung / Präsentation

- Die Schüler gestalten auf farbigem Tonpapier den Schriftzug „Party-Gäste“ und drapieren die Ergebnisse zusammen mit den Lösungen auf einer Ausstellungswand.

Alternativen

- Es ist auch möglich, die einzelnen Streifen abwechselnd farbig und schwarz-weiß zu bearbeiten (siehe Lösungsvorschlag).
- Steht mehr Zeit zur Verfügung, kann man die Lösung auf ein weißes DIN-A3-Blatt kleben und den Bildausschnitt beliebig zeichnerisch weiterführen.

Lösung

Name: Klasse: Datum:

Party-Gäste – Puzzle-Streifen

Gerlinde Blahak · 45 Vertretungsstunden Kunst. Illustrationen: Gerlinde Blahak

44

Schmuck-Design: Grafische Entwürfe

Ziel / Leitidee	Flächen füllende Muster (Grafik), Ornamente im Bereich der Mode
Klassenstufe	9/10
Vorbereitung / Material	weißes Zeichenpapier (DIN A4), Lineal, Bleistift (weich), schwarze Filzstifte, Radiergummi
Sozialform	gesamte Klasse, Einzelarbeit
Kompetenzbereich	Zeichnen: Experimente mit Punkt und Linie, Bereich Design

Hinführung

- Der Lehrer bittet die Schüler, Hals- und Arm-Kettchen als Anschauungsmaterial zur Verfügung zu stellen. Gegebenenfalls bringt er selbst ein (ausgefallenes) Schmuckstück mit.
- Die Schüler diskutieren die Fragen:

  - *Zu welchem Anlass trägt man Schmuckstücke?*
  - *Wer macht die Entwürfe?*
  - *Welche Materialien sind besonders wertvoll?*
  - *Welche ausgefallenen Materialien lassen sich einsetzen?* (Leder, Fell, Holz, Papier, …)

- Überleitung durch den Lehrer:

  - *Entwerft für eine Schmuck-Messe ungewöhnliche Kolliers und Ohrringe.*

Hauptphase

- Die Schüler legen als Entwurfsfläche ein Zeichenblatt (DIN A4) zurecht, das senkrecht bearbeitet werden soll.
- Sie grenzen zunächst mit Bleistift und Lineal einen Rahmenbereich ab.
  Als Schablone für die Rahmenbreite dient die Breite des Lineals.
- Anschließend erfolgt die Vorzeichnung mit Bleistift: An der oberen Kante der Binnenfläche wird eine Kinnpartie vorskizziert. Man sieht nur den unteren Teil eines Gesichtsovals mit Mund und Ohrläppchen. Darunter deuten zwei nach außen geschwungene Linien einen schlanken Hals und abfallende Schultern an.
- Für die Arbeit an den Schmuckstücken gibt der Lehrer folgende Hinweise:

Das Kollier besteht aus mehreren zusammenhängenden Formen. Sie können mit Ketten, Ringen, Ösen usw. verbunden sein. Es ist möglich auch mehrere Halsketten übereinander zu tragen oder ein asymmetrisches Gebilde zu entwerfen. Eingesetzte Steine oder durchbrochene Teile lockern die Flächen auf. Entwerft auch auffallende Ohrgehänge dazu.

- Zuletzt werden alle Linien der Vorzeichnung mit schwarzen Filzstiften in verschiedener Stärke nachgezogen und Bleistiftspuren entfernt.

Ergebnissicherung / Präsentation

- Die Ergebnisse werden im Klassenzimmer oder in der Aula präsentiert.
- Nehmen Sie Kontakt zu einem Juwelier in Ihrer Nähe auf und schlagen Sie ihm vor, einige besonders gelungene Entwürfe zur Schaufensterdekoration zu nutzen.

Alternativen

- Die Hautpartien werden leicht mit Bleistift in Grau eingefärbt, damit sie sich vom Hintergrund abheben.
- Die Aufgabe lässt sich auch mit bunten Filzstiften lösen. Es sollten aber in jedem Fall die Linien mir schwarzem Filzstift betont werden.

Lösung

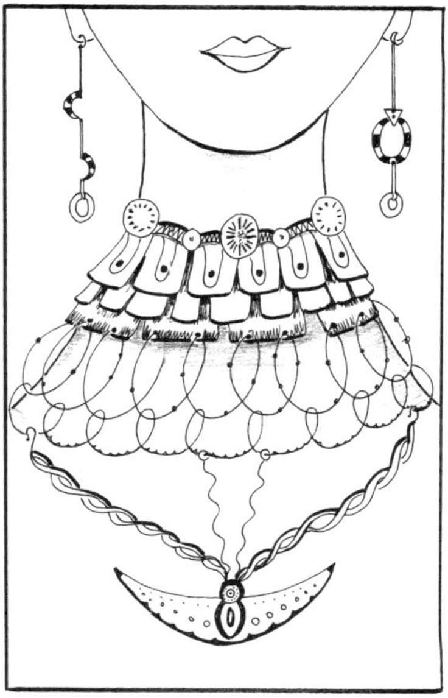

45 Stromtrasse: Linien und Farbe

Ziel / Leitidee	Farbige Flächen (Malen) mit Buntstiften, Linien als grafische Elemente, Mischtechnik
Klassenstufe	9/10
Vorbereitung / Material	weißes Zeichenpapier (DIN A4), Buntstifte, Wachsmalstifte, Bleistift, Lineal, schwarze Filzstifte (verschiedene Stärken), Kopiervorlage (Zeichenhilfe) in Klassenstärke
Sozialform	gesamte Klasse, Einzelarbeit
Kompetenzbereich	Malen mit Stiften, Zeichnen mit dem Lineal, Perspektive durch Linien

Hinführung

- Der Lehrer eröffnet das Unterrichtsgespräch mit einem Reizwort:

  > *Sonnenunter-/Sonnenaufgang.*

- Die Schüler äußern spontan, was ihnen dazu einfällt:

  > *Farbenspiel (Rot, Orange, Gelb, Violett), Horizont, lange Schatten, dunkle Silhouetten, …*

- Der Lehrer kündigt an, dass die Schüler das Thema malerisch mithilfe von Buntstiften lösen sollen, indem sie die genannten Elemente in Kombination einsetzen.
- Die Schüler legen Buntstifte und weißes Zeichenpapier (DIN A4) in den gleichen Farben bereit.

Hauptphase

- Hintergrund:
  - › Die Schüler nehmen das Papier (DIN A4) waagrecht und legen als Erstes etwa 7 cm vom unteren Bildrand entfernt mit Bleistift eine Horizontlinie fest.
  - › Dann zeichnen sie eine gelbe oder orangefarbene Kreisfläche (Sonnenscheibe) in die obere Blatthälfte und umgeben sie mit konzentrischen Kreisen in den gleich Farben. Dabei setzen sie die Spitze der Malstifte sehr flach an, so dass keine dünnen Linien sondern breitere, flächige Farbbänder entstehen.
  - › Anschließend füllen sie die restliche obere Blattfläche mit breiten, flächig angelegten Farbspuren in Rot, Orange, Violett und Gelb. Die Stifte werden dabei immer waagrecht über das Blatt geführt und Farbschichten abwechselnd nebeneinander- oder übereinander gelegt. Es können auch kleine weiße Partien stehen bleiben (Wolkenformationen).

› Im unteren Drittel des Blattes entstehen Landschaftsformationen (Hügelketten, Felder, Baumgruppen) in Blau, Grün, Braun, Violett und Schwarz. Um einen deckenderen Farbauftrag zu erreichen setzen die Schüler hier auch Wachsmalstifte in diesen Farben ein.

- Strommasten:
  › Als zweite Bildebene entwerfen die Schüler nun Strommasten, die vom Vordergrund zum Hintergrund hin perspektivisch immer kleiner werden. Sie konstruieren sie mit Hilfspunkten als spitze gleichschenklige Dreiecke (Kopiervorlage 1/2) und setzen die Metallstreben (Kopiervorlage 3/4) mit Lineal und breiterem und dünnem schwarzen Filzstift unmittelbar auf den Hintergrund.
  › Zum Schluss verbinden sie die Masten von Hand mit Drähten, d. h. etwas durchhängenden Linien (Kopiervorlage 5).
  › Die Masten sind auf Platten und Flächen im Boden verankert. In diesem Bereich werden auch mit Wachsmalkreide Schattenflächen angelegt.

Ergebnissicherung / Präsentation

- Die Schüler präsentieren ihre Lösungen zusammen mit relevanten Zeitungsartikeln zum Thema Erderwärmung, Energiewende, Landschaftszerstörung, …

Alternativen

- Die Schüler können das Blatt auch senkrecht bearbeiten.

Tipp Starten Sie mit diesem Beitrag zusammen mit dem Geografie-, Deutsch- und/oder Sozialkundelehrer ein gemeinsames Projekt zum Thema „Energiewende".

Lösung

Name: Klasse: Datum:

Stromtrasse – Zeichenhilfe

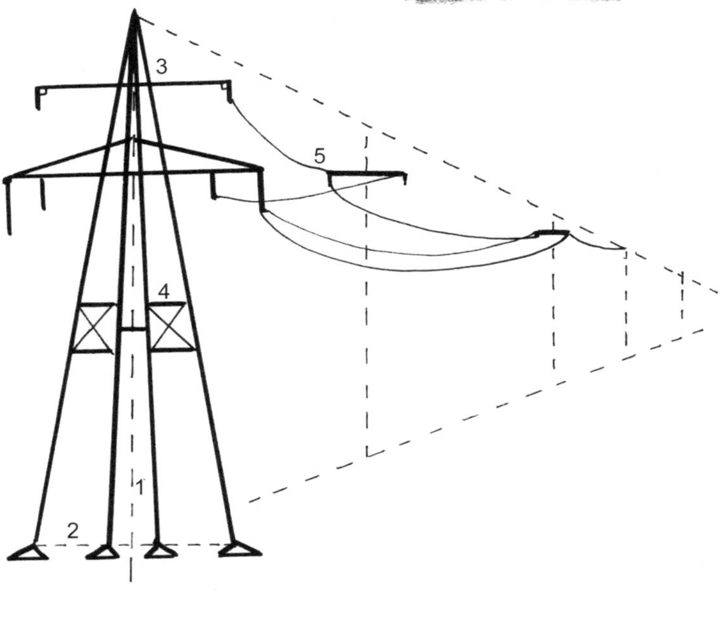

Gerlinde Blahak · 45 Vertretungsstunden Kunst. Illustrationen: Gerlinde Blahak